K
E

Impressum

Britta Schulze-Thulin
Walisisch (Kymrisch) — Wort für Wort
erschienen im
REISE KNOW-HOW Verlag Peter Rump GmbH
Osnabrücker Str. 79, D-33649 Bielefeld
info@reise-know-how.de

2. Auflage 2007

Bearbeitung & Layout Claudia Schmidt
Layout-Konzept Günter Pawlak, FaktorZwo! Bielefeld
Umschlag Peter Rump (Titelfoto: Britta Schulze-Thulin)
Kartographie Iain McNeish
Fotos Britta Schulze-Thulin
Druck und Bindung Fuldaer Verlagsanstalt GmbH & Co. KG, Fulda

ISBN 978-3-89416-571-0
Printed in Germany

Dieses Buch ist erhältlich in jeder Buchhandlung der BRD, Österreichs, der Schweiz und der Benelux. Bitte informieren Sie Ihren Buchhändler über folgende Bezugsadressen:

BRD Prolit GmbH, Postfach 9, 35461 Fernwald (Annerod) sowie alle Barsortimente
Schweiz AVA-buch 2000, Postfach 27, CH-8910 Affoltern
Österreich Mohr Morawa Buchvertrieb GmbH Sulzengasse 2, A-1230 Wien
Belgien & Niederlande Willems Adventure, Postbus 403, NL-3140 AK Maassluis
direkt Wer im Buchhandel kein Glück hat, bekommt unsere Bücher zuzüglich Porto- und Verpackungskosten auch direkt über unseren Internet-Shop: **www.reise-know-how.de.**

Zu diesem Buch ist ein **AusspracheTrainer** erhältlich, auf **Audio-CD** in jeder Buchhandlung der BRD, Österreichs, der Schweiz und der Benelux-Staaten oder als **MP3-Download** unter **www.handyglobal.de**

Der Verlag möchte die **Reihe Kauderwelsch** weiter ausbauen und **sucht Autoren**! Mehr Informationen finden Sie auf unserer Internetseite **www.reise-know-how.de/buecher/special/schreiblust-inhalt.html**

Kauderwelsch

Britta Schulze-Thulin

Walisisch (Kymrisch)

Wort für Wort

Reise Know-How
im Internet
www.reise-know-how.de
info@reise-know-how.de

*Aktuelle Reisetipps
und Neuigkeiten,
Ergänzungen nach
Redaktionsschluss,
Büchershop und
Sonderangebote
rund ums Reisen*

Kauderwelsch-Sprechführer sind anders!

Warum? Weil sie Sie in die Lage versetzen, wirklich zu sprechen und die Leute zu verstehen.

Wie wird das gemacht? Abgesehen von dem, was jedes Sprachbuch bietet, nämlich Vokabeln, Beispielsätze etc., zeichnen sich die Bände der Kauderwelsch-Reihe durch folgende Besonderheiten aus:

Die **Grammatik** wird in einfacher Sprache so weit erklärt, dass es möglich wird, ohne viel Paukerei mit dem Sprechen zu beginnen, wenn auch nicht gerade druckreif.

Alle Beispielsätze werden doppelt ins Deutsche übertragen: zum einen **Wort-für-Wort**, zum anderen in „ordentliches" Hochdeutsch. So wird das fremde Sprachsystem sehr gut durchschaubar. Denn in einer fremden Sprache unterscheiden sich z. B. Satzbau und Ausdrucksweise recht stark vom Deutschen. Ohne diese Übersetzungsart ist es so gut wie unmöglich, schnell einzelne Wörter in einem Satz auszutauschen.

Die **Autorinnen** und **Autoren** der Reihe sind Globetrotter, die die Sprache im Land selbst gelernt haben. Sie wissen daher genau, wie und was die Leute auf der Straße sprechen. Deren Ausdrucksweise ist nämlich häufig viel einfacher und direkter als z. B. die Sprache der Literatur oder des Fernsehens.

Besonders wichtig sind im Reiseland **Körpersprache, Gesten, Zeichen** und **Verhaltensregeln**, ohne die auch Sprachkundige kaum mit Menschen in guten Kontakt kommen. In allen Bänden der Kauderwelsch-Reihe wird darum besonders auf diese Art der nonverbalen Kommunikation eingegangen.

Kauderwelsch-Sprechführer sind keine Lehrbücher, aber viel mehr als Sprachführer! Wenn Sie ein wenig Zeit investieren und einige Vokabeln lernen, werden Sie mit ihrer Hilfe in kürzester Zeit schon Informationen bekommen und Erfahrungen machen, die „taubstummen" Reisenden verborgen bleiben.

Inhalt

Grammatik

Konversation

Anhang

Safle Bws
Bus Stop

Vorwort

Wenn man den Namen Wales hört, denkt man vielleicht zunächst an Rugby und weiß nicht gleich, wo das ist. Im Mittelalter noch ein selbstständiges Land, heute zum Vereinten Königreich Großbritannien gehörig, wird es oft als Anhängsel von England empfunden. Wales ist jedoch durchaus eigenständig und das Walisische (auch „Kymrisch" genannt) ist kein englischer Dialekt, sondern eine eigene Sprache. Das Walisische ist zwar eine so genannte Minderheitensprache, aber die unter den keltischen Sprachen lebendigste. Zwar sprechen die meisten (aber nicht alle) Waliser auch Englisch, für den Reisenden sind Kenntnisse des Walisischen dennoch von Vorteil.

Der Waliser benutzt, wie jeder Angehörige einer Nationalität, gerne seine eigene Sprache. Er grenzt sich damit von seinen englischen Nachbarn ab und will nicht eine Art „merkwürdiger Engländer" sein. Sein Motto lautet: **Cenedl heb iaith, cenedl heb galon** (eine Nation ohne Sprache, eine Nation ohne Herz). Jeder Reisende wird daher das Herz eines „echten" Walisers im Sturm erobern, wenn er sich die Mühe macht, Walisisch mit den Einheimischen zu sprechen. Er bekommt leicht Zugang zur Gemeinschaft der Walisischsprecher und wird überall gerne gesehen.

Hinweise zur Benutzung

Der Sprachführer „Walisisch" gliedert sich in die drei wichtigen Hauptabschnitte Grammatik, Konversation und Wörterliste.

Grammatik

Die Grammatik beschränkt sich auf das Wesentliche und ist so einfach gehalten wie möglich. Deshalb sind auch nicht alle Ausnahmen und Unregelmäßigkeiten der Sprache erklärt. Es ist zwar sinnvoll, den Grammatikteil zumindest einmal zu überfliegen, doch können Sie auch sofort mit dem Konversationsteil beginnen und die Grammatik nur zum Nachschlagen verwenden.

Konversation

Im Konversationsteil finden Sie Sätze aus dem Alltagsgespräch, die Ihnen einen ersten Eindruck davon vermitteln sollen, wie die walisische Sprache „funktioniert" und die Sie auf das vorbereiten sollen, was Sie später in Wales hören werden – denn was man vorher schon einmal gelesen hat, versteht man später viel leichter.

Wort-für-Wort-Übersetzung

Benutzen Sie die Beispielsätze als Fundus von Satzschablonen und -mustern, die Sie selbst Ihren Bedürfnissen anpassen.

Um die Wortfolge des Walisischen in den Beispielsätzen nachvollziehen können, ist eine Wort-für-Wort-Übersetzung in *kursiver* Schrift ergänzt. Jedem walisischen Wort entspricht ein Wort in der Wort-für-Wort-Übersetzung. Wird ein walisisches Wort im Deutschen durch zwei Wörter übersetzt, sind diese in der Wort-für-Wort-Übersetzung durch einen Bindestrich verbunden. Wörter oder Satzteile, die durch einen Schrägstrich getrennt sind, kann man untereinander austauschen, z. B.:

Oes tafarn/gwesty yma?
eus tawarn/gwesti öma
es-gibt Kneipe/Gasthaus hier
Gibt es hier eine Kneipe/ein Hotel?

Die vereinfachte Lautschrift (in der zweiten Zeile) ermöglicht Ihnen das leichte Ablesen der Sätze und Wörter.

Mit Hilfe der Wort-für-Wort-Übersetzung können Sie die Beispielsätze leicht Ihren eigenen Bedürfnissen anpassen, auch wenn das Ergebnis nicht immer perfekt ausfällt.

Wörterlisten

Die Wörterlisten am Ende des Buches helfen Ihnen dabei. Sie enthalten einen Grundwortschatz Deutsch-Walisisch und Walisisch-Deutsch von je ca. 1.000 Wörtern, mit denen man schon eine Menge anfangen kann.

Umschlagklappe

Die Umschlagklappe hilft, die wichtigsten Sätze stets parat zu haben. Hier finden sich schnell die wichtigsten Angaben zur Aussprache und eine kleine Liste der wichtigsten Fragewörter, Richtungs- und Zeitangaben. Aufgeklappt ist der Umschlag eine wesentliche Erleichterung, da nun die gewünschte Satzkonstruktion mit dem entsprechenden Vokabular aus den einzelnen Kapiteln kombiniert werden kann. Wenn alles nicht mehr weiterhilft, dann ist vielleicht das Kapitel „Nichts verstanden? – Weiterlernen!“ der richtige Tipp. Es befindet sich ebenfalls im Umschlag, stets bereit, mit der richtigen Formulierung für z. B. „Ich habe leider nicht verstanden.“ oder „Wie bitte?“ auszuhelfen.

Seitenzahlen
Um Ihnen den Umgang mit Zahlen zu erleichtern, wird auf jeder Seite die Seitenzahl auch auf Walisisch (im traditionellen Zahlensystem) angegeben!

Über das Land

Wales (walisisch: **Cymru**) ist mit 20.761 km² ein verhältnismäßig kleines Land (etwa halb so groß wie die Schweiz). Es stellt die westliche Halbinsel Großbritanniens dar und ist von Irischer See, Sankt-Georgs- und Bristolkanal umgeben. Zur Zeit hat Wales etwa drei Millionen Einwohner, von denen ca. 321.000 in der Hauptstadt Cardiff, an der Südküste, leben. Südwales ist mit ca. 1,8 Millionen Einwohnern dichter bewohnt als Mittel-/Westwales (480.000 Einwohner) und Nordwales (660.000 Einwohner). Während Nordwales durch seine Berge geprägt ist, sind für Mittel-/Westwales sanfte Hügel, einsame Seen und lange Strände charakteristisch. In Südwales sind Städte und Industrie angesiedelt.

Seit den „Acts of Union" von 1530 und 1543 ist Wales kein unabhängiger Staat mehr. Es gehört zum Vereinten Königreich Großbritannien und wird durch das britische Parlament regiert. Seit 1999 besteht die „National Assembly for Wales" (walis. Nationalversammlung), die sich um verschiedene Angelegenheiten in Wales kümmert, wie Bildung, Gesundheit, Wirtschaft, Kultur und Sprache.

Wales ist seit ca. 500 v. Chr. ein keltisches Land, als die ersten keltischen Siedler aus Gallien (Frankreich) einwanderten. Seit dem 6. Jh. wurde Wales ein Rückzugsgebiet der Kelten vor den Angelsachsen und den Nor-

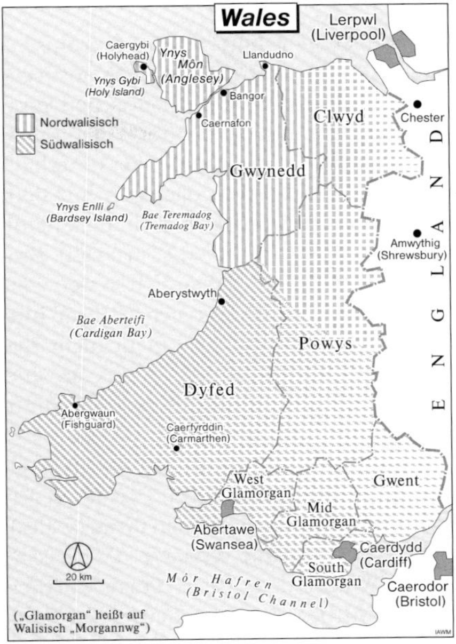

Auf der Karte sind die Landkreise bis 1996 abgebildet. Aktuelle Informationen findet man im Internet:
www.genuki.org

mannen. Erst im 13. Jh. entstand in Wales eine feudale Zentralgewalt; 1301 setzte der König von England seinen (zufällig) in Wales geborenen Sohn als „Prince of Wales" ein. Seitdem ist dies der Titel des britischen Thronfolgers. Im 16. Jh. wurde Wales zwar mit England vereinigt und die Reformation auf Wales ausgedehnt, die einheimische Sprache und Kultur blieben jedoch erhalten.

Über die Sprache

Waliser reagieren begeistert auf neue Lernende aus dem Ausland. Ein Tourist, der Walisisch spricht, trägt damit zum Erhalt und zur Verbreitung der walisischen Sprache bei.

Das Walisische gehört wie das Bretonische (Bretagne), Irische (Irland) und Schottisch-Gälische (Schottland) zu den keltischen Sprachen innerhalb der großen indogermanischen (indoeuropäischen) Sprachfamile. Innerhalb des Keltischen ist es am nächsten mit dem Bretonischen verwandt, ferner mit dem heute ausgestorbenen Kornischen (Cornwall). Bretonisch und Walisisch haben sich so weit voneinander entwickelt, dass sich Waliser und Bretonen heute in der Regel nicht mehr verstehen können. Seit dem 6. Jh. n. Chr. sind Walisisch, Kornisch und Bretonisch separate Sprachen.

Die Bezeichnung „Walisisch" ist an engl. **Wales** und **Welsh** angelehnt, wohingegen „Kymrisch" vom einheimischen **Cymru** (Wales), **Cymro** (Waliser) und **Cymraeg** (Walisisch) stammt. Während walisisch **Cymro** wörtlich „Freund, Mitbewohner" bedeutet, ist engl. **Welsh** die Bezeichnung für das „Fremde". Für uns Deutsche ist die Bezeichnung „Walisisch" anschaulicher.

Das Walisische wird heute von über einer halben Million Menschen in Wales, aber auch in Südamerika (Patagonien), Nordamerika und Australien gesprochen. Innerhalb von Wales wird es besonders im Norden gesprochen (zu ca. 75 %), aber auch in Südwales ist es weit verbreitet. Lediglich in den Gebieten nahe der Grenze zu England oder an der Südküste kann man Schwierigkeiten haben, Sprecher des Walisischen zu finden. Lange war Walisisch die Sprache der Landbevölkerung und Englisch die Sprache der Städte.

Generell ist in diesem Band das Südwalisische ausschlaggebend, auch die Lautschrift richtet sich nach der südwalisischen Aussprache, die weniger kompliziert ist.

Es gibt im Wesentlichen zwei walisische Dialekte (mit weiteren untergeordneten Varianten): Nordwalisisch und Südwalisisch. Erst in den letzten Jahren ist eine Standardsprache entstanden, die aber auf keinem speziellen Dialekt basiert. Da sich vieles dieser Standardsprache noch nicht durchgesetzt hat, werden in diesem Band die wichtigsten Unterschiede in Ausdruck und Wortschatz des Süd- und Nordwalisischen mitberücksichtigt.

Die meisten Orte in Wales haben eine walisische und eine englische Variante ihres Namens, z. B. **Caerdydd** (engl. Cardiff), **Abertawe** (engl. Swansea), **Ynys Môn** (engl. Anglesey).

In Wales ist Walisisch neben Englisch Staatssprache. Dennoch ist es eine Minderheitensprache. Immer mehr Waliser erlernen Walisisch und sprechen es als Zweitsprache neben dem Englischen. Besonders in den letzten zwei Jahrzehnten wurde viel für den Erhalt des Walisischen getan: ein Fernsehprogramm in walisischer Sprache (S4C), ein walisischsprachiges Radioprogramm, Zeitschriften/Zeitungen und Bücher, bei denen für jeden Geschmack etwas dabei ist. Das **Bwrdd yr Iaith Gymraeg** (Welsh Language Board) ist eine von vielen Gesellschaften, die sich um

Erhalt und Pflege des Walisischen bemühen.

Weiß man ein walisisches Wort nicht, kann man das entsprechende englische einsetzen und wird trotzdem verstanden.

Das Walisische enthält viele englische Wörter. Für den Lernenden bedeutet dies, sofern er des Englischen mächtig ist, eine Erleichterung, denn oft muss nur die walisische Schreibweise erlernt werden: **sigaret** („cigarette", Zigarette), **coffi** („coffee", Kaffee), **siop** („shop", Laden).

Das Schriftbild der walisischen Sprache wirkt auf uns zunächst ungewohnt und scheint nur aus Mitlauten (Konsonanten) zu bestehen. Macht man sich aber klar, dass **w** und **y** meist als Selbstlaute (u und i/ü/ö) gesprochen werden, dann wird selbst die Aussprache des längsten Ortsnamens erlernbar (die Bindestriche sind hier als kleine Lesehilfe eingefügt):

Llan-fair-pwll-gwyn-gyll-go-ger-y-chwyrn-drobwll-llan-tysilio-gogo-goch
hlan-weir-puhl-gwin-gihl-go-ger-ö-chwirn-drobuhl-hlan-tösilio-gogo-goch
Kirche(L!) (l!)Maria Teich weiß(L!) (l!)Haselsträucher ganz in-der-Nähe der rasch(L!) (l!)Strudel Kirche Tysilio Grotte(L!) (l!)rot
St. Marienkirche am Teich der weißen Haselsträucher in der Nähe des schnellen Strudels an der roten Grotte der Kirche des heiligen Tysilio

Keine Angst, dieser Ortsname ist eine Ausnahme. Die meisten walisischen Ortsnamen sind nicht länger als die deutschen.

Aussprache & Betonung

Das walisische Alphabet wird mit lateinischen Buchstaben geschrieben. Einige Buchstaben deuten jedoch darauf hin, dass wir es mit einer besonderen Aussprache zu tun haben. Insgesamt verfügt das Walisische über 28 Buchstaben:

a b c ch d dd e f ff g ng h i l ll m n o p ph r rh s t th u w y

Das Walisische hat kein **k, q, x** oder **z**; **j** kommt nur in Fremdwörtern aus dem Englischen vor. **ng** gilt im Walisischen als eigener Buchstabe und steht im Wörterbuch nach **g**.

Von wenigen besonderen Lauten wie **ll** abgesehen, werden die meisten Mitlaute wie im Deutschen ausgesprochen. Daher ist für uns die Aussprache des Walisischen recht einfach, für alles gibt es bestimmte Regeln.

Mitlaute (Konsonanten)

b	b	wie „b" in „a**b**er" **bara** bara (Brot)
c	k	wie deutsches „k" in „**K**anne" **cant** kant (hundert)
ch	ch	wie raues „ch" in „ko**ch**en" **bach** baach (klein) **edrych** edrich (schauen) **chi** chi (ihr/Sie)

In den folgenden Übersichten sind den walisischen Buchstaben die Lautschriftzeichen gegenübergestellt.

Um das **ll** *richtig auszusprechen, versuchen Sie, die Zunge in die „l"-Stellung (gegen den Gaumen) zu bringen und an den Seiten daran vorbeizuzischen. Gelingt das nicht, werden Sie aber trotzdem verstanden.*

d	d	wie „d" in „**D**ame" **dim** dim (nichts)
dd	th	wie stimmhaftes englisches „th" in „**th**ose" **dydd** diith (Tag)
f	w	wie „v" in „**V**ase", am Wortende wird **f** jedoch oft nicht gesprochen. **afon** awon (Fluss) **tref** tree (Stadt) **araf** ara (langsam)
ff	f	wie „f" in „Tele**f**on" **ffrind** frind (Freund)
g	g	wie „g" in „**G**abe" **go** goo (ziemlich)
ng	ng	wie „ng" in „si**ng**en" **dangos** dangos (zeigen)
h	h	wie „h" in „**H**ase" **hen** heen (alt)
j	dsh	stimmhaft wie „j" in „**J**amaica", kommt nur in Fremdwörtern vor **jam** dsham (Marmelade)
l	l	wie „l" in „**l**ang" **halen** halen (Salz)
ll	hl	wie „gelispeltes" „l", etwa wie „hl" **lle** hlee (Ort)
m	m	wie „m" in „**M**oos" **mil** miil (tausend)
n	n	wie „n" in „**N**ase" **ni** ni (wir)
p	p	wie „p" in „**P**aar" **pob** poob (jeder, jede, jedes)
ph	f	wie **ff,** also wie „f" in „Tele**f**on" **tri phasbort** tri fasbort (drei Reisepässe)

r	r	rollendes bayrisches „r", wie in bayrisch „**r**ot" (Zunge am Gaumen vibrieren lassen) **aros** aros (warten)
rh	hr	behauchtes „r", kommt im Deutschen nicht vor, etwa deutsch „hr", vgl. dt. „Fa**hr**er" **rhoi** hreu (geben)
s	s	stimmloses „s" wie in „Bu**s**" **saith** sei~~th~~ (sieben)
si	sch	wie „sch" in „**sch**ön" **siarad** scharad (sprechen)
t	t	wie in „**T**asse" **het** het (Hut)
th	~~th~~	wie stimmloses englisches „th" in „**th**ink" **athro** a~~th~~ro (Lehrer)

ng *gilt im Walisischen als eigener Buchstabe und steht im Wörterbuch nach* **g**.

Selbstlaute (Vokale)

Die Selbstlaute werden kurz oder lang ausgesprochen, am Schriftbild ist das für den Anfänger schwer zu erkennen.

a	a	kurzes „a" wie in „K**a**sten" **map** map (Karte)
	aa	langes **a** wie in „V**a**ter" **tad** taad (Vater)
e	e	kurzes „e" wie in „**e**ng" **fel** wel (wie)
	ee	langes „e" wie in „l**ee**r" **neb** neeb (niemand)

In der Lautschrift werden die lang auszusprechenden Selbstlaute doppelt geschrieben.

Aussprache & Betonung

Die Aussprache von kurzem **i** *und* **u** *ist in Nordwales ein „Ideechen" anders, was man hier aber ignorieren darf. Ansonsten orientiert sich die Lautschrift in diesem Buch am Südwalisischen. Auch einzelne Wörter und Phrasen sind im Zweifel eher südwalisisch.*

i	i	kurzes „i" wie in „K**i**ste" **trist** trist (traurig)
	ii	langes „i" wie in „T**i**ger" **mis** miis (Monat)
o	o	kurzes „o" wie in „K**o**pf" **ton** ton (Welle)
	oo	langes „o" wie in „H**o**se" **dod** dood (kommen)
w	u	kurzes „u" wie in „K**u**nst" **cwm** kum (Tal)
	uu	langes „u" wie in „H**u**t" **drws** druus (Tür)
	w	nach **g** wird es aber meist wie „w" wie in „**w**ir" ausgesprochen: **gweld** gweld (sehen)
u	i	wie kurzes „i" **pump** pimp (fünf)
	ii	in Südwales langes „i" wie in „Sp**ie**l",
	üü	in Nordwales langes „ü" wie in „M**üh**le" **un** iin (S) / üün (N) (ein)
y	i	in einsilbigen Wörter und in der letzten Silbe in der Regel wie **i** (s. o.) **bryn** brin (Hügel) **edrych** edrich (schauen)
	ii	in Südwales langes „i",
	üü	in Nordwales langes „ü" **dyn** diin (S) / düün (N) (Mann)
	ö	in der vorletzten Silbe und (Ausnahme!) in folg. einsilbigen Wörtern: **y(r)** ö(r) (der, die, das, die (Mz)), **yn** ön (in), **fy** wö (mein) **Cymru** kömri (Wales)

In einigen wenigen Wörtern wird der lange Selbstlaut mit einem Dehnungszeichen (^) geschrieben. Bisweilen wird durch zwei Punkte über einem Selbstlaut angezeigt, dass er getrennt zu sprechen ist.

In der Lautschrift steht bei getrennt auszusprechenden Selbstlauten ein Bindestrich.

tân	taan	(Feuer)	**cân**	kaan	(Lied)
pêl	peel	(Ball)	**mêl**	meel	(Honig)
môr	moor	(Meer)	**copïau**	kopi-e	(Kopien)

Doppellaute (Diphthonge)

ai, ae	ei	„ei" wie in „l**ei**se" **rhai** hrei (einige) **cyrraedd** körreith (ankommen)
au	ei	wie „ei" **haul** heil (Sonne)
	e	„e", wenn es sich um die Mehrzahlendung **-au** handelt **pethau** pethe (Dinge, Ez: **peth**)
aw	au	„au" wie in „H**au**s" **glaw** glau (Regen)
eu, ei, ey	äi	„äi" wie „ay" in „ok**ay**" **deuddeg** däitheg (zwölf) **deintydd** däintith (Zahnarzt) **teyrnas** täirnas (Königreich)
ew	e-u	„e" + „u" wie in „b**eu**rkunden" **tew** te-u (dick)
iw, uw, yw	i-u	„iu" wie in „P**iu**s" **i'w** i-u (zu seinem/seiner) **Duw** di-u (Gott) **byw** bi-u (leben)

Kauderwelsch-AusspracheTrainer

Falls Sie sich die wichtigsten walisichen Sätze, die in diesem Buch vorkommen, einmal von einem Waliser gesprochen anhören möchten, kann Ihnen Ihre Buchhandlung den ***AusspracheTrainer (Audio-CD)*** *zu diesem Buch besorgen. Sie bekommen ihn auch über unseren Internetshop* ***www.reise-know-how.de*** *Der* ***AusspracheTrainer*** *steht auch als* ***MP3-Download*** *unter* ***www.handyglobal.de*** *zur Verfügung. Alle Sätze, die Sie auf dem* ***AusspracheTrainer*** *hören können, sind in diesem Buch mit einem 👂 gekennzeichnet.*

oe,	eu	„eu“ wie in „h**eu**len“
oi,		**oed** eud (Alter)
ou		**bois bach** beus baach (o je!, wörtlich: „kleine Jungs“)
		cyffrous köfreus (spannend)
ow	o-u	wie engl. „ow“ in „bl**ow**“ (kommt sehr selten vor)
		brown bro-un (braun)
wy	u-i	„ui“ wie in „pf**ui**“
		pwy pu-i (wer)

Betonung

In der Regel werden mehrsilbige Wörter auf der zweitletzten Silbe betont (der Selbstlaut der betonten Silbe ist hier unterstrichen), z. B. **mynydd** mönith (Berg), **mynyddoedd** mönötheuth (Berge). Es gibt nur wenige Ausnahmen wie **Cymraeg** kömreig (Walisisch), **paratoi** parateu (vorbereiten), **glanhau** glanhei (sauber machen). Fremdwörter aus dem Englischen können auf der ersten oder der zweitletzten Silbe betont werden, z. B. **catholig** katholig oder katholig (katholisch), beides ist richtig.

Groß- & Kleinschreibung

Die Groß- und Kleinschreibung ist wie im Englischen, d. h. außer am Satzanfang, bei Namen und in Ausnahmefällen, z. B. **Duw** di-u (Gott) werden alle Wörter klein geschrieben.

Mitlautänderung

Im Walisischen kann sich der Mitlaut am Anfang eines Wortes ändern, meist wenn bestimmte Wörter davor stehen, so z. B. bei weiblichen Wörtern nach dem Artikel („der, die, das“): **mam** (Mutter), aber **y fam** (die Mutter). Es gibt drei Mitlautänderungen: die „weiche“ (Lenition), „nasale“ und „gehauchte“, die jedoch nicht bei allen Mitlauten vorkommen. Wenn Sie sich nicht sicher sind, können Sie die Mitlautänderung auch missachten, Sie werden trotzdem verstanden.

In der Wort-für-Wort-Übersetzung werden Großbuchstaben (L!, N!, H!) für das Wort, das die Mitlautänderung verursacht, verwendet, Kleinbuchstaben (l!, n!, h!) für das Wort, das verändert wird.

weiche Mitlautänderung (abgekürzt: L!)

alle Hauptwörter nach -...			
acw	dort	**heb**	ohne
ail	zweite(r, -s)	**hen**	alt
am	um, bei	**holl**	all
ambell	gelegentlich	**hyd**	bis
ar	auf, an	**i**	nach, zu
at	an, für	**neu**	oder
dacw	dort ist	**o**	von
dan	unter	**pa**	welcher
dau (m)	zwei	**rhyw**	einer, einige
dros	über	**unig**	einzig
drwy/trwy	durch	**unrhyw**	irgendeiner
dwy	zwei (w)	**wrth**	durch
dy	dein	**ychydig**	ein wenig
dyma – dyna	hier – dort ist	**yma**	hier
ei	sein	**yn**	(Partikel G)
gan	mit	**yna**	dort
... außerdem Hauptwörter als Satzergänzung nach einem gebeugtem Verb + im Anredefall			

Die wichtigsten Regeln sind im Folgenden aufgeführt. Wie sich die Anfangsmitlaute verändern, können Sie anhand der Übersicht auf der nächsten Seite ablesen.

Ausnahme: Die Partikel **yn** *löst bei Verben keine Mitlautänderung aus!*

Mitlautänderung

Achtung: **ll** *und* **rh** *werden – außer bei Verben, Wochentagen und Umstandswörtern – nicht nach diesen Regeln leniert, sondern bleiben unverändert.*

weibliche Hauptwörter (in der Einzahl) nach ...			
un	ein/e	**y, yr 'r**	der, die, das
... außerdem nach Artikel + Ordnungszahl.			
Eigenschaftswörter nach ...			
cyn	so	**rhy**	zu sehr
go	ziemlich	**sy**	welcher ist
mor	so sehr	**yn**	Partikel G
Haupt- und Eigenschaftswörter ...			
... wenn sie als Umstandswörter gebraucht werden, z. B. wird **doe** deu (gestrig) zu **ddoe** theu (gestern) und **pob bore** poob bore (jeder Morgen) zu **bob bore** (jeden Morgen).			
Verben nach ...			
a	der, welcher	**pan**	als
... gebeugten Verben im Frage- u. im verneinten Satz (außer wenn sie mit **c, p, t** beginnen).			
sonst auch ...			
Das Zahlwort für „zwei" **dau** (m), **dwy** (w) nach dem Artikel, die Wochentage nach **nos** (Nacht), Zeit- u. Ortsausdrücke, sowie solche der Art und Weise.			

nasale Mitlautänderung (abgekürzt: N!)

Alle Hauptwörter nach ...			
de(n)g*	zehn	**saith***	sieben
fy	mein	**wyth***	acht
naw*	neun	**yn**	in
pum*	fünf	(* in manchen Dialekten)	

Die gehauchte Mitlautänderung nach **â** *(mit),* **gyda** *(zusammen mit),* **tua** *(gegen),* **a** *(und),* **na** *(als) beim Vergleich wird in der gesprochenen Sprache oft weggelassen.*

gehauchte Mitlautänderung (abgekürzt: H!)

Alle Hauptwörter nach ...			
ei	ihr (3. P. Ez)	**tri***	drei
chwe*	sechs		
... außerdem gebeugte Verben, die mit **c, p, t** beginnen, wenn sie verneint sind.			

Große Übersicht Mitlautänderung

Mitlaut	weich (L!)	nasal (N!)	gehaucht (H!)
p	**b**	**mh**	**ph**
peth	pa **b**eth	fy **mh**eth i	ei **ph**eth hi
Ding	*welches Ding*	*mein Ding ich*	*ihr Ding sie*
	was	meins	ihres
t	**d**	**nh**	**th**
tafarn	dwy **d**afarn	yn **nh**afarn Siôn	gwesty a **th**afarn
Kneipe	*zwei Kneipe*	*in Kneipe John*	*Hotel und Kneipe*
	zwei Kneipen	in Johns Kneipe	Hotel und Kneipe
c	**g**	**ngh**	**ch**
cwrw	pa **g**wrw	fy **ngh**wrw i	gyda **ch**wrw a gwin
Bier	*welches Bier*	*mein Bier ich*	*mit Bier und Wein*
	welches Bier	mein Bier	mit Bier und Wein
b	**f**	**m**	–
Bangor	i **F**angor	ym **M**angor	
(Ortsname)	*nach Bangor*	*in Bangor*	
	nach Bangor	in Bangor	
d	**dd**	**n**	–
diod	ei **dd**iod e	yn **n**iod Siôn	
Getränk	*sein Getränk er*	*in Getränk John*	
	sein Getränk	in Johns Getränk	
g	(**g** entfällt!)	**ng**	–
gwlad	y bumed wlad	fy **ng**wlad i	
Land	*das fünfte Land*	*mein Land ich*	
	das fünfte Land	mein Land	
ll	**l**	–	–
llyfr	cylchgrawn neu **l**yfr		
Buch	*Zeitschrift oder Buch*		
	Zeitschrift oder Buch		
m	**f**	–	–
mawr	merch **f**awr		
groß	*Mädchen groß*		
	ein großes Mädchen		
rh	**r**	–	–
rhai	prynais i **r**ai llyfrau		
einige	*kaufte ich einige Bücher*		
	ich habe ein paar Bücher gekauft		

Wörter, die weiterhelfen

Oftmals sind es die kleinen alltäglichen Floskeln, die einem helfen, sich zurechtzufinden und sich zu verständigen.

Croeso! *ist die Antwort auf Danke und Entschuldigung.*

Esgusodwch fi!
esgisoduch wi
entschuldigt-ihr(L!) (l!)mich
Entschuldigen Sie!

Croeso!
kreuso
willkommen
Keine Ursache!

Dyma chi.
döma chi
hier(-ist) ihr
Bitte! *(beim Überreichen)*

Diolch (yn fawr)!
djolch (ön waur)
danke G(L!) (l!)groß
Danke!

Os gwelwch chi'n dda!
oos gweluch chin tha
wenn seht ihr-G(L!) (l!)gut
Bitte! *(als Aufforderung)*

Gibt es ...? (Oes ...?)

Oes ...?
eus
es-gibt
Gibt es ...?

Oes tafarn yma?
eus tawarn öma
es-gibt Kneipe hier
Gibt es hier eine Kneipe?

Oes bwyd ar gael yma?
eus bu-id ar ga-el öma
es-gibt Essen an(L!) (l!)bekommen hier
Bekommt man hier was zu essen?

Wo ist ...? (Ble mae'r ...?)

Ble mae'r tŷ bach?
ble maar tii baach
wo ist-das Haus klein
Wo ist die Toilette?

Ble mae'r gwesty?
ble maar gwesti
wo ist-das Gasthaus
Wo ist das Hotel?

fferyllfa (w)	ferihlwa	Apotheke
meddyg (m)	methig	Arzt
banc (m)	bank	Bank
bws (m)	bus	Bus
maes awyren (m) *Feld Flugzeug*	meis awiren	Flughafen
siop (w)	schop	Geschäft
heddlu (m)	hethli	Polizei
swyddfa'r Post (w) *Büro-die Post*	su-ithwar poost	Postamt
ffôn (m)	foon	Telefon

In die Satzkonstruktion **Ble mae'r ...?** *können alle sinnvollen Hauptwörter eingesetzt werden.*

syth ymlaen *gerade vorwärts*	sii~~th~~ ömlein	geradeaus
i'r dde *zu-der(L!) (l!)Süden*	ir the	nach rechts
i'r chwith *zu der Linken*	ir chwi~~th~~	nach links
yn ôl *G Spur*	ön ool	zurück
gyferbyn *(l!)gegenüber*	göwerbin	gegenüber
ar bwys *auf(L!) (l!)Gewicht*	ar bu-is	neben

die wichtigsten Richtungsangaben

Wörter, die weiterhelfen

Haben Sie ...? (Oes ... gyda chi?)

Oes ... gyda chi?	**Oes bara gyda chi?**
eus ... göda chi	eus bara göda chi
es-gibt ... mit ihr(Mz)	*es-gibt Brot mit ihr(Mz)*
Haben Sie ...?	Haben Sie Brot?

Die Antworten darauf lauten:

oes	eus	*es-gibt*	ja
nac oes	nak eus	*nicht es-gibt*	nein

Ich will ... (Dw i eisiau ...)

Dw i eisiau ...	**Dw i eisiau bara.**
du i iische	du i iische bara
bin ich wollen	*bin ich wollen Brot*
Ich will ... (haben).	Ich will Brot haben.

Wie viel kostet ...? (Faint mae ... yn costio?)

Faint mae'r llaeth yn costio?
weint maar hlei~~th~~ ön kosti-o
wieviel ist-die Milch G kosten
Wie viel kostet die Milch?

Hauptwörter

Anders als im Deutschen werden Hauptwörter (Substantive) nicht gebeugt.

grammatisches Geschlecht

Es gibt männliche (abgekürzt „m") und weibliche Wörter (abgekürzt „w"). Sächliche Wörter („das ...") gibt es im Walisischen nicht.

Der Unterschied zwischen männlich und weiblich ist im Zusammenhang mit dem Artikel wichtig, weil weibliche Hauptwörter nach dem bestimmten leniert werden (weiche Mitlautänderung).

Mehrzahl

Die Mehrzahl (abgekürzt „Mz") wird nicht bei allen Hauptwörtern gleich gebildet. Und es lässt sich dafür auch keine feste Regel aufstellen. In den Wortlisten im Anhang ist daher die Mehrzahl immer angegeben. Es gibt jedoch 3 Prinzipien bei der Mehrzahlbildung:

1. Die Mehrzahl wird durch Austauschen des Selbstlautes in der Wortmitte gebildet:

ffordd	forth	Straße
ffyrdd	firth	Straßen
cyllell	köhlehl	Messer
cyllyll	köhlihl	Messer (Mz)
dafad	dawad	Schaf
defaid	deweid	Schafe

2. Für die Mehrzahl wird eine Endung angehängt. Die gebräuchlichsten Endungen sind **-(i)au** -(i-)e, **-(i)aid** -(i-)eid, **-(i)on** -(i-)on, **-oedd** -euth, **-ydd** -ith, **-i** -i, **-od** -od:

bryn	brin	Hügel
bryniau	bröni-e	Hügel (Mz)
môr	moor	Meer
moroedd	moreuth	Meere
llwyn	hlu-in	Busch
llwyni	hlu-ini	Büsche

3. Die Mehrzahl wird durch Selbstlautwechsel und Endung gebildet:

mab	maab	Sohn
meibion	mäibi-on	Söhne
gair	geir	Wort
geiriau	gäiri-e	Wörter
cwmwl	kumul	Wolke
cymylau	kömöle	Wolken

Bei manchen Wörtern wird die Einzahl von der Mehrzahl abgeleitet. Als Endungen dienen hier **-yn** (m) oder **-en** (w):

plant	plant	Kinder
plentyn (m)	plentin	Kind
coed	keud	Wald, Holz, Bäume
coeden (w)	keuden	Baum

Artikel

Im Walisischen gibt es nur den bestimmten Artikel („der, die, das"), der in der Einzahl und Mehrzahl je nach Stellung **y** ö, **yr** ör oder **'r** -r heißt. Die „Normalform" ist **y**.

dyn	diin	(ein) Mann
dynion	döni-on	Männer
y dyn	ö diin	der Mann
y dynion	ö döni-on	die Männer

Einen unbestimmten Artikel wie im Deutschen („ein, eine") gibt es im Walisischen nicht.

Bei weiblichen Wörtern wird nun der Anfangslaut nach dem Artikel in der Einzahl leniert. Die Lenition ist eine Gesetzmäßigkeit, bei der der Anfangslaut eines Wortes unter bestimmten grammatischen Bedingungen „erweicht" wird. Davon sind alle weiblichen Wörter betroffen, die mit **p, t, c, b, d, g, m** beginnen (vgl. Kapitel „Mitlautänderung"):

p wird zu **b**	**b** wird zu **f**	**g** entfällt
t wird zu **d**	**d** wird zu **dd**	**m** wird zu **f**
c wird zu **g**		

Bei einem weiblichen Wort, das nach dem Artikel steht und mit **f-** *beginnt, muss man also raten, ob man im Wörterbuch unter* **b-** *oder* **m-** *nachschlagen muss.*

potel	potel	(eine) Flasche
poteli	poteli	Flaschen
y botel	ö botel	die Flasche
y poteli	ö poteli	die Flaschen
gwraig	gureig	(eine) Frau
gwragedd	gurageth	Frauen
y wraig	ö wreig	die Frau
y gwragedd	ö gurageth	die Frauen

Steht der Artikel vor einem Selbstlaut **(a, e, i, o, u, y, w)** oder **h,** dann wird er zu **yr.** Steht der Artikel nach einem Selbstlaut, dann wird er zu **'r.** Davon sind sowohl männliche als auch weibliche Hauptwörter betroffen.

iaith (w)	jeith	(eine) Sprache
yr iaith	ör jeith	die Sprache
o'r iaith	or jeith	von der Sprache
yr ieithoedd	ör jäitheuth	die Sprachen
merch (w)	merch	(ein) Mädchen
y ferch	ö werch	das Mädchen
i'r ferch	ir werch	zu dem Mädchen
y merched	ö merched	die Mädchen
pen (m)	pen	(ein) Kopf
y pen	ö pen	der Kopf
i'r pen	ir pen	zu dem Kopf
y pennau	ö penne	die Köpfe

zusammengesetzte Hauptwörter

Anders als im Deutschen werden Hauptwörter im Walisischen nicht gebeugt. Bei der dem „Wessen-Fall“ (deutscher 2. Fall, Genitiv) entsprechenden Konstruktion wird das zugehörige Hauptwort einfach nachgestellt.

Während man im Deutschen beide Hauptwörter mit dem bestimmten Artikel versieht, erhält im Walisischen nur das 2. Hauptwort den bestimmten Artikel, der an das vorangehende Wort angehängt wird.

tŷ	tii	(ein) Haus
tŷ dyn *Haus Mann*	tii diin	(das, ein) Haus eines Mannes
tŷ'r dyn *Haus-der Mann*	tiir diin	das Haus des Mannes

enw	enu	(ein) Name
enw merch *Name Mädchen*	enu merch	(der, ein) Name für ein Mädchen
enw'r ferch *Name-das(L!) (l!)Mädchen*	enur werch	der Name des Mädchens

Der Artikel **y** *wird nach Selbstlauten zu* **'r** *und an das vorangehende Wort angehängt.*

Bei Eigennamen braucht man wie im Deutschen gar keinen Artikel:

cwrw Iwan *Bier Iwan*	kuru iwan	Iwans Bier
car Alun *Auto Alun*	kaar alin	Aluns Auto

Dieses & Jenes

Die hinweisenden Fürwörter (Demonstrativpronomen) werden dem Hauptwort nachgestellt. Das Hauptwort steht darüber hinaus immer mit dem bestimmten Artikel. In der gesprochenen Sprache sind **'ma** (dies) und **'na** (jenes) am gebräuchlichsten, aber auch die übrigen Formen kommen dennoch oft vor.

y/yr/'r ... 'ma (< yma)	dies (hier)
y/yr/'r ... 'na (< yna)	jenes (dort)
y/yr/'r ... hwn	dieser (m)
y/yr/'r ... hwnnw	jener (m)
y/yr/'r ... hon	diese (w)
y/yr/'r ... honno	jene (w)
y/yr/'r ... hyn	diese (m/w Mz)
y/yr/'r ... hynny	jene (m/w Mz)

'ma *ist die abgekürzte Form von* **yma** *und* **'na** *von* **yna. 'ma** *und* **'na** *sind eigene Wörter und salopper als* **hwn** *und* **hwnnw.**

y dyn 'ma
ö diin ma
der Mann dieser
dieser Mann

y ferch 'na
ö werch na
das(L!) (l!)Mädchen dort
jenes Mädchen (dort)

y plant hyn
ö plant hin
die Kinder diese
diese Kinder

Eigenschaftswörter

Eigenschaftswörter (Adjektive) werden wie die hinweisenden Fürwörter (bis auf wenige Ausnahmen) dem Hauptwort nachgestellt. Sie werden in der gesprochenen Sprache nicht gebeugt (es gibt also keine eigenen Formen für männlich/weiblich, Einzahl/Mehrzahl. Steht ein Hauptwort jedoch in der Einzahl und ist weiblich, so wird das Eigenschaftswort leniert („weiche Mitlautänderung"), und zwar immer dann, wenn es mit **p, t, c, b, d, g, m, ll** oder **rh** beginnt.

Eine Übersicht über die Mitlautänderung findet man auch in der Umschlagklappe.

p wird zu **b**	**b** wird zu **f**	**m** wird zu **f**
t wird zu **d**	**d** wird zu **dd**	**ll** wird zu **l**
c wird zu **g**	**g** entfällt	**rh** wird zu **r**

mawr maur	groß
bachgen (m) **mawr** bachgen maur	(ein) großer Junge
bechgyn (m Mz) **mawr** bechgin maur	große Jungs
taith (w) **fawr** teith waur	(eine) große Reise
teithiau (w Mz) **mawr** täithi-e maur	große Reisen

vorangestellte Eigenschaftswörter

Folgende Eigenschaftswörter sind Ausnahmen und stehen vor dem Hauptwort, auf das sie sich beziehen. Das Hauptwort wird dann in der Einzahl leniert.

annwyl	annwil	lieb
hen	heen	alt
gwir	gwiir	wahr
prif	priiw	Haupt-...
hoff	hof	Lieblings-...
unig	iinig	einzig
y fath	ö waath	solch

rheswm	hresum	Grund
prif reswm (m) *Haupt-(L!) (l!)Grund*	priif resum	(ein) Hauptgrund
plentyn	plentin	Kind
unig blentyn (m) *einzig(L!) (l!)Kind*	iinig blentin	(ein) Einzelkind

gwraig	gureig	Frau
hen wraig (w)	heen wreig	(eine) alte Frau
alt(L!) (l!)Frau		

einfache Sätze mit „ist"

Die Konstruktion „A ist ..." (+ Eigenschaftswort) wird im Walisischen durch **Mae „A" yn/-n ...** ausgedrückt. **Mae** (ist) steht immer am Satzanfang. Die Partikel **yn** (**-n** nach Selbstlauten) hat keine eigene Wortbedeutung (in der Wort-für-Wort-Übersetzung durch „G" abgekürzt), und wird als Verbindungswort für die Gegenwart gebraucht. Das folgende Eigenschaftswort wird leniert (Bsp. **mawr** „groß (Gegenstände)" und **tal** „groß (Personen)"):

Mae Caerdydd yn fawr.
maa ka-erdiith ön waur
ist Cardiff G(L!) (l!)groß
Cardiff ist groß.

Mae hi'n dal.
maa hin daal
ist sie-G(L!) (l!) groß
Sie ist groß.

Sollen zwei Hauptwörter verbunden werden, steht **yw** (ist) statt **mae,** ein Verbindungswort braucht man nicht:

Cymro yw Aled.
kömro i-u aled
Waliser ist Aled
Aled ist Waliser.

Almaenwr yw Hans.
almeinur i-u hans
Deutscher ist Hans
Hans ist Deutscher.

Umstandswörter

Mit Umstandswörtern (Adverbien) kann man Tätigkeitswörter näher beschreiben. Um Umstandswörter zu bilden, stellt man dem Eigenschaftswort die Partikel **yn** voran. Das folgende Eigenschaftswort wird – außer bei **ll-** und **rh-** (Ausnahme!) – leniert (hier: **da** „gut"). Umstandswörter stehen immer am Satzende.

Gyrrodd y dyn yn dda.
görroth ö diin ön tha
fuhr der Mann G(L!) (l!)gut
Der Mann fuhr gut (z. B. Auto).

Verstärken, Steigern & Vergleichen

Zur Verstärkung stellt man einfach **iawn** jaun (gut) hinter das Eigenschaftswort:

rhad iawn *preiswert gut*	hrad jaun	sehr preiswert
pell iawn *weit gut*	pehl jaun	sehr weit

steigern

Eigenschaftswörter lassen sich auf zwei verschiedene Arten steigern. Die eine Methode ist das Voranstellen von **mwy** mu-i (mehr) für die Steigerung (Komparativ) und **mwyaf** mu-ija

Das **-f** *von* **mwyaf** *und der Superlativ-Endung* **-af** *wird nicht gesprochen.*

(am meisten) für die Höchstform (Superlativ). Diese Methode wird vor allem bei mehrsilbigen Eigenschaftswörtern angewendet.

cryf	kriiw	stark
mwy cryf	mu-i kriiw	stärker
mwyaf cryf	mu-ija kriiw	stärkste

Bei der anderen Methode wird **-ach** (Komparativ) bzw. **-af** (Superlativ) an das Eigenschaftswort angehängt. Diese Methode wird vor allem bei einsilbigen Eigenschaftswörtern angewendet.

cryf	kriiw	stark
cryfach	kröwach	stärker
cryfaf	kröwa	stärkste

Bezieht sich das gesteigerte Eigenschaftswort auf ein Hauptwort, so ist es wieder nachgestellt:

y dyn mwyaf cryf
ö diin mu-ija kriiw
der Mann meist stark
der stärkste Mann

y dyn cryfaf
ö diin kröwa
der Mann stärkster
der stärkste Mann

vergleichen

Vergleiche nach dem Muster „A ist so ... wie B“ (Gleichheit) bildet man mit der Konstruktion **Mae „A“ mor ... â/ag „B“** (ist „A“ so ... mit „B“). Während das Eigenschaftswort leniert wird (außer bei **ll** und **rh**), tritt bei dem Wort nach **â** (**ag** vor Selbstlauten) „mit" die so genannte „Behauchung" ein (abgekürzt: „H!"). Im Gegensatz zur Lenition, bei der der Anfangslaut eines Wortes unter bestimmten grammatischen Bedingungen „erweicht" wird, wird hier der Anfangslaut „behaucht". Davon sind **p, t** und **c** betroffen:

Achtung: Dass das Eigenschaftswort bei **ll** *und* **rh** *nicht leniert wird, ist hier auch eine Ausnahme!*

p wird zu **ph** **t** wird zu **th** **c** wird zu **ch**

Als Beispiele dienen hier die Eigenschaftswörter **neis** (nett) und **mawr** (groß).

Mae Siôn mor neis â Pheredur.
maa schoon moor näis aa feredir
ist John so nett mit(H!) (h!)Peredur
John ist so nett wie Peredur.

Mae Caerdydd mor fawr â Mannheim.
maa ka-erdiith moor waur aa mannheim
ist Cardiff so(L!) (l!)groß mit Mannheim
Cardiff ist so groß wie Mannheim.

Vergleiche nach dem Muster „A ist ...-er als B" (Ungleichheit) werden mit der Konstruktion **Mae „A" yn/-n ... na/nag „B"** (ist „A" G ... als „B") ausgedrückt. Die Variante **nag** steht vor Selbstlauten. Nach **yn/-n** wird – außer bei **ll** und **rh** – leniert, nach **na/nag** „behaucht". Als Beispiele dienen hier **anodd** (schwierig) und **cryf** (stark).

Verstärken, Steigern & Vergleichen

Mae Gwyddeleg yn fwy anodd na Chymraeg.
maa gwötheleg ön wu-i anoth na chömreig
ist Irisch G(L!) (l!)mehr schwierig als(H!) (h!)Walisisch
Irisch ist schwieriger als Walisisch.

„Thomas" heißt auf Walisisch **Tomos.** *Das* **t** *wird bei Behauchung zu* **th.**

Mae Dafydd yn gryfach na Tomos.
maa dawith ön gröwach na thomos
ist David G(L!) (l!)stärker als(H!) (h!)Thomas
David ist stärker als Thomas.

Für Sätze nach dem Muster „A ist am ...-en" wird eine andere Form für „ist" benötigt, nämlich **yw** + Artikel. Das Hauptwort steht am Satzanfang, also **„A" yw'r ...** („A" ist-der/die/das ...):

Branwen yw'r ferch fwyaf prydferth.
branwen i-ur werch wu-ija prödwerth
Br. ist-das(L!) (l!)Mädchen(L!) (l!)meist schön
Branwen ist die Schönste.

Einige Eigenschaftswörter haben unregelmäßige Steigerungsformen. Die wichtigsten sind:

Eigenschaftswort		„mehr"	„meist"
gut	**da**	**gwell**	**gorau**
	da	gwehl	gore
schlecht	**drwg**	**gwaeth**	**gwaethaf**
	druug	gweith	gwäitha
groß	**mawr**	**mwy**	**mwyaf**
	maur	mu-i	mu-ija

klein	**bach**	**llai**	**lleiaf**
	baach	hlei	hläija
alt	**hen**	**hyn**	**hynaf**
	heen	hiin	höna
jung	**ifanc**	**iau**	**ieuaf**
	iwank	jei	jäi-ja

Man kann für „älter/ältest" und „jünger/jüngst" allerdings auch **henach**/**henaf** und **ifancach**/**ifancaf** benutzen, beides ist richtig.

Ich, du, er & sie

Das Walisische kennt neben den „normalen" persönlichen Fürwörtern (Personalpronomen) jeweils auch betonte Formen.

	normale Form	betonte Form
ich	**fi** (S), **mi** (N), **i**	**finnau** (S), **minnau** (N)
	wi, mi, i	winne, minne
du	**ti**	**tithau**
	ti	tithe
er	**fe, e** (S), **fo, o** (N)	**yntau**
	we, e, wo, o	önte
sie	**hi**	**hithau**
	hi	hithe
wir	**ni**	**ninnau**
	ni	ninne
ihr; Sie	**chi**	**chithau**
	chi	chithe
sie	**nhw**	**nhwthau**
	n-hu	n-huthe

Die betonten Formen werden benutzt, um einen Kontrast auszudrücken. Die persönlichen Fürwörter stehen nach dem Verb. Als Höflichkeitsform wird **chi** *(ihr; Sie) verwendet.*

Normalerweise benutzt man die kürzeren Formen der persönlichen Fürwörter. Die längeren, betonten Formen sollte man aber erkennen können.

Gwelais i fe.	**A finnau.**
gweleis i we	a winne
sah ich er	*und ich*
Ich habe ihn gesehen.	Ich auch.

Roedd Siân, hithau hefyd, yn yfed llawer.
reuth schaan hithe hefid ön öwed hlauer
war Jane, sie auch, G trinken viel
Auch Jane hat viel getrunken.

Mein, dein, sein & ihr

Die besitzanzeigenden Fürwörter (Possessivpronomen) („mein, dein …“) stehen vor dem Hauptwort, auf das sie sich beziehen. Dem Hauptwort folgt darüber hinaus das „normale“ persönliche Fürwort (für die 1./3. Person Einzahl jedoch die Kurzform). Dabei muss Folgendes beachtet werden:

Beginnt das Hauptwort mit einem Mitlaut, dann wird dieses leniert, behaucht oder nasaliert. In der Tabelle wird darauf mit den Abkürzungen „L!“, „H!“, „N!“ hingewiesen.

Bei der Nasalierung ist es, als würde der betreffende Laut durch die Nase statt durch den Mund gesprochen. Folgende Mitlaute können von Nasalierung betroffen sein:

p wird zu **mh**	**c** wird zu **ngh**	**d** wird zu **n**
t wird zu **nh**	**b** wird zu **m**	**g** wird zu **ng**

Beginnt das Hauptwort mit einem Selbstlaut, dann erhält das persönliche Fürwort der 3. Person weiblich („sie") ein zusätzliches vorangestelltes **h**.

fy (N!) **... i**	fö ... i	mein
dy (L!) **... di**	dö ... di	dein
ei (L!) **... e**	i ... e	sein
ei (H!) **... hi**	i ... hi	ihr (Ez)
ein ... ni	äin ... ni	unser
eich ... chi	äich ... chi	euer/Ihr
eu ... nhw	äi ... nhu	ihr (Mz)

Das besitzanzeigende Fürwort **ei** *(sein; ihr) wird im Südwalisischen wie* i *ausgesprochen.*

fy nghar i
föng haar i
mein(N!) (n!)Auto ich
mein Auto

dy gar di
dö gaar di
dein(L!) (l!)Auto du
dein Auto

ei gar e
i gaar e
sein(L!) (l!)Auto er
sein Auto

ei char hi
i chaar hi
ihr(Ez, H!) (h!)Auto sie
ihr Auto

ein car ni
äin kaar ni
unser Auto wir
unser Auto

eich car chi
äich kaar chi
euer Auto ihr(Mz)
euer/Ihr Auto

Ob das Hauptwort in der Ein- oder Mehrzahl steht, ist unerheblich.

eu car nhw
äi kaarn hu
ihr(Mz) Auto sie(Mz)
ihr Auto

Das Verb „bod“ (sein)

Lernen Sie die gebeugten Formen von **bod** *am besten auswendig. Sie können damit jede Zeit problemlos ausdrücken.*

Mit dem unregelmäßigen Hilfsverb **bod** bood (sein) werden die Verlaufsformen der Gegenwart, Vergangenheit und Zukunft gebildet. Im Deutschen entspräche das der Formulierung „ich bin am Essen“ oder „ich bin gerade dabei zu essen“. Anders als im Deutschen wird das persönliche Fürwort dem gebeugten Verb nachgestellt!

Gegenwart

dw	**i**	du i	ich bin
rwyt	**ti**	ru-it ti	du bist
mae	**e**	maa e	er ist
mae	**hi**	maa hi	sie ist
rydyn	**ni**	rödin ni	wir sind
rydych	**chi**	rödich chi	ihr seid
maen	**nhw**	ma-en hu	sie sind

unvollendete Vergangenheit

Die Personalendungen sind der besseren Erkennbarkeit wegen durch einen Bindestrich vom Verbstamm getrennt dargestellt.

roedd-wn	**i**	reuthun i	ich war
roedd-et	**ti**	reuthet ti	du warst
roedd	**e**	reuth e	er war
roedd	**hi**	reuth hi	sie war
roedd-en	**ni**	reuthen ni	wir waren
roedd-ech	**chi**	reuthech chi	ihr wart
roedd-en	**nhw**	reuthen hu	sie waren

Zukunft

bydd-af	**i**	böthai	ich werde
bydd-et	**ti**	böthet ti	du wirst
bydd	**e**	biith e	er wird
bydd	**hi**	biith hi	sie wird
bydd-wn	**ni**	böthun ni	wir werden
bydd-wch	**chi**	böthuch chi	ihr werdet
bydd-an	**nhw**	böthan hu	sie werden

Verben in der Gegenwart

Das Tätigkeitswort (Verb) ist im Walisischen am wichtigsten, es steht fast immer am Satzanfang. Das persönliche Fürwort steht nach der gebeugten Form.

Grundform

Die Grundform walisischer Verben ist entweder einsilbig oder mehrsilbig. Die Grundform ist die Wörterbuchform, z. B. **mynd** (gehen), **prynu** (kaufen). Die meisten mehrsilbigen Verben enden in der Grundform auf **-u, -i** oder **-o.** Sie werden gebeugt, indem die Endung der Grundform durch die Personalendung ersetzt wird. Es gibt auch endungslose Grundformen.

Tipp: Mit der Endung **-o** lassen sich „neue" Verben aus dem Englischen bilden, wie **bilifo** („to believe", glauben) neben einheimischen **credu, drimo** („to dream", träumen) neben einheimischem **breuddwydio**. Wenn Sie also ein walisches Verb nicht kennen, dann nehmen Sie das englische und fügen **-o** an. Man wird denken, dass Sie besonders „volksnah" Walisisch beherrschen.

Das Verbindunswort der Gegenwart **yn** (kurz: „G") *wird nach Selbstlauten zu* **'n** *verkürzt.*

Bei „sie" wird das **n-** *des Fürworts nicht eigens ausgesprochen, also* ma-en hun pröni.

Gegenwart

dw i'n prynu du in pröni *bin ich-G kaufen*	ich kaufe
rwyt ti'n prynu ru-it tin pröni *bist du-G kaufen*	du kaufst
mae e'n/hi'n prynu maa en/hin pröni *ist er-G/sie-G kaufen*	er/sie kauft
rydyn ni'n prynu rödin nin pröni *sind wir-G kaufen*	wir kaufen
rydych chi'n prynu rödich chin pröni *seid ihr(Mz)-G kaufen*	ihr kauft, Sie kaufen
maen nhw'n prynu ma-en hun pröni *sind sie-G kaufen*	sie kaufen

Die Gegenwart wird durch die Verlaufsform gebildet. Diese wird durch die gebeugten Formen von **bod** bood (sein) plus persönliches Fürwort gebildet. Daran angeschlossen wird das Verbindungswort **yn** für die Gegenwart (in der Wort-für-Wort-Übersetzung abgekürzt „G"). Zum Schluss folgt die Grundform des gewünschten Verbs.

Dw i'n dod.
du in dood
bin ich-G kommen
Ich komme.

Wird statt des persönlichen Fürworts ein Hauptwort in der Mehrzahl verwendet, braucht man das Verb nicht in die Mehrzahl zu setzen, die Einzahl genügt. Diese Regel gilt für alle Sätze, in denen gebeugte Formen vorkommen.

Mae rhywun yn eistedd yma.
maa hröwin ön äisteth öma
ist jemand G sitzen hier
Jemand sitzt hier.

Mae'r tocynnau yn costio dwy bunt.
maar tokine ön kostio du-i bint
ist-die Karten G kosten zwei(w,L!) (l!)Pfund
Die Karten kosten zwei Pfund.

Vergangenheit & Zukunft

Für die Vergangenheit gibt es drei gebräuchliche Bildungsmöglichkeiten, die gebeugte Vergangenheit und zwei Typen der Verlaufsform, die sich aspektuell unterscheiden. Die Zukunft wird immer durch die Verlaufsform gebildet.

Beugungsform (Vergangenheit)

Die Beugungsform der Vergangenheit bezeichnet eine vor längerer Zeit vollendete Handlung in der Vergangenheit. Wenn man die gebeugte Vergangenheit verwendet, ersetzt man die Endung der Grundform durch die Personalendung. Bei **pryn-u** (kaufen) wird also **-u** ersetzt.

Bei endungslosen Verben wird die Personalendung angehängt!

pryn-ais i *kaufte ich*	pröneis i	ich kaufte
pryn-aist ti *kauftest du*	pröneist ti	du kauftest
pryn-odd e/hi *kaufte er/sie*	prönoth e/hi	er/sie kaufte
pryn-on ni *kauften wir*	prönon ni	wir kauften
pryn-och chi *kauftet ihr*	prönoch chi	ihr kauftet
pryn-on nhw *kauften sie*	prönon hu	sie kauften

Bwyton ni oen neithiwr.
bu-iton ni eun näithi-ur
aßen wir Lamm gestern-Abend
Gestern Abend haben wir Lamm gegessen.

Mwynhaon ni'r trip ddoe.
mu-inha-on nir trip theu
genossen wir-der Ausflug (l!)gestern
Uns hat der Ausflug gestern gefallen.

Verlaufsform (Vergangenheit & Zukunft)

Bei der Vergangenheit in der Verlaufsform ist zu unterscheiden zwischen vollendeter Vergangenheit, die die unmittelbare, vollendete Vergangenheit bezeichnet (Perfekt), und unvollendeter Vergangeheit, deren Handlung oder Zustand bis in die Gegenwart andauert (Imperfekt). Bei der Zukunft gibt es keinen Unterschied.

vollendete Vergangenheit

Die vollendete Vergangenheit wird gebildet durch die gebeugte Gegenwartsform von **bod** (sein) + persönliches Fürwort + Verbindungswort der Vergangenheit **wedi** (abgekürzt „V") + Grundform des Verbs:

Übrigens: Es gibt im Walisischen kein Hilfsverb „haben", das zur Bildung von Zeiten herangezogen wird!

dw i wedi prynu	**maen nhw wedi dweud**
du i wedi pröni	maan hu wedi dwäid
bin ich V kaufen	*sind sie V sagen*
ich habe gekauft	sie haben (bereits) gesagt

Dw i wedi cael brecwast.
du i wedi ka-el brekwast
bin ich V bekommen Frühstück.
Ich habe (schon) gefrühstückt.

unvollendete Vergangenheit

Die unvollendete Vergangenheit wird gebildet durch die gebeugte unvollendete Vergangenheitsform von **bod** (sein) + persönliches Fürwort + Verbindungswort der Gegenwart **yn** + Grundform des Verbs:

roeddwn i'n siopa
reuthun in schopa
war ich-G einkaufen
ich war einkaufen (und habe die Einkäufe immer noch nicht beendet)

Zukunft

Die Zukunft wird gebildet durch die gebeugte Zukunftsform von **bod** (sein) + persönliches Fürwort + Verbindungswort Gegenwart **yn** + Grundform des Verbs:

byddaf i'n prynu
bötha in pröni
werde ich-G kaufen
ich werde kaufen

Byddaf i'n aros yng Nghaerdydd.
bötha in aros önga-erdiith
werde ich-G bleiben in(N!) (n!)Cardiff
Ich werde in Cardiff bleiben.

unregelmäßige Verben

Im Walisischen gibt es nur fünf unregelmäßige Verben, die in der „Liste der unregelmäßigen Verben" zu finden sind. Mit dem unregelmäßigen Verb **bod** (sein) werden weitere zusammengesetzte Verben gebildet, z. B. **nabod** (kennen) und **gwybod** (wissen), die dann auch genauso wie **bod** gebeugt werden.

Frage & Antwort

Das Walisische unterscheidet wie das Deutsche zwischen Entscheidungsfragen, auf man mit „ja" oder „nein" antworten kann, und Ergänzungsfragen, die durch ein Fragewort (z. B. „wann?") eingeleitet werden, auf die nur mit einem vollständigen Satz geantwortet werden kann (s. Kapitel „Fragen mit Fragewörtern").

Bei Entscheidungsfragen unterscheidet sich die Satzstellung nicht von der in einem Aussagesatz, außer, dass Sonderformen von **bod** (sein) verwendet werden und dass die Stimme wie im Deutschen am Satzende angehoben wird.

Mae e'n byw yn Awstria.	**Ydy e'n byw yn Awstria?**
maa en bi-u ön austri-a	ödi en bi-u ön austri-a
ist er-G leben in Österr.	*ist er-G leben in Österr.*
Er lebt in Österreich.	Lebt er in Österreich?

Fragen ohne das Verb bod (sein) & Antwort

Bei Entscheidungsfragen wird unterschieden, ob das Verb **bod** *(sein) am Anfang der Frage steht (Verlaufsform) oder nicht.*

Nur für Fragen ohne das Verb **bod** werden die Wörter für „ja" und „nein" in der Antwort verwendet. Das Walisische unterscheidet hier darüber hinaus zwischen Bejahung und Verneinung in der Gegenwart und Vergangenheit (abgekürzt mit „G" und „V").

	Gegenwart		Vergangenheit	
ja	**ie**	jää	**do**	doo
nein	**nage**	nage	**naddo**	naathoo

Ble? Yn Aberystwyth?	**Ie.**	**Nage.**
blee ön aberistu-ith	jää	nage
Wo? In Aberystwyth?	Ja.	Nein.

Das gebeugte Verb wird in der Frage leniert. Hier zwei Beispiele mit den Verben **gweld** (sehen) und **cysgu** (schlafen):

Weloch chi'r arwydd 'ma?
weloch chir arwith ma
(l!)saht ihr-das Schild hier
Haben Sie das Schild gesehen?

Gysgaist ti'n dda?	**Do.**	**Naddo.**
gösgeist tin tha	doo	naathoo
(l!)schliefst du-G(L!) (l!)gut	*ja(V)*	*nein(V)*
Hast du gut geschlafen?	Ja.	Nein.

Bei der gebeugten Vergangenheit tritt in der Verneinung die gehauchte Mitlautänderung ein, hier z. B. bei **cysgu** (schlafen):

Naddo, chysgais i ddim winc neithiwr.
naathoo chösgeis i thim wink näithi-ur
nein(V), (h!)schlief ich (l!)nichts Zwinkern gestern-Abend
Nein, letzte Nacht habe ich überhaupt nicht geschlafen.

Eine Ausnahme ist das Verb **gallu** gahli (können), das in der Antwort wiederholt wird, je nachdem, ob eine oder mehrere Personen gemeint sind (vgl. Kap. „können“).

Allwch chi ddod?
ahluch chi thood
(l!)könnt(L!) ihr (l!)kommen
Können Sie kommen?

Gallaf. *kann(ich)*	gahla	Ja. (Ez)
Gallwn. *können(wir)*	gahlun	Ja. (Mz)
Na allaf. *nicht(L!) (l!)kann(ich)*	na ahla	Nein. (Ez)
Na allwn. *nicht(L!) (l!)können(wir)*	na ahlun	Nein. (Mz)

Fragen mit dem Verb bod (sein) & Antwort

Wie ein normaler Aussagesatz, so können auch Frage, Antwort und Verneinung in der Verlaufsform mit **bod** (sein) gebildet werden.

Beachten Sie hier, dass das Verb **bod** (sein) in der Gegenwart, Vergangenheit und Zukunft besondere Frage-, Antwort- und Verneinungsformen hat! Hier zunächst die Gegenwartsformen für die 3. Person Einzahl („er, sie, es"):

Gegenwart

mae	maa	ist
Ydy ...?	ödi	Ist ...?
Ydy.	ödi	Ja.
Nac ydy.	nak ödi	Nein.
dydy ... ddim	dödi thim	ist nicht

In der Antwort wird die gebeugte Form des Verbs **bod** (sein) wiederholt, das heißt dann „ja", oder, mit vorangestelltem **nac** (nicht), „nein".

Will man den ganzen Satz verneint wiederholen, setzt man ein **d-** vor die gebeugte Form von **bod** und „sichert" den Satz noch mit einer zweiten Verneinung ab: **dim** heißt „nichts", da es leniert werden muss, lautet es dann hier **ddim**. Die Wiederholung des ganzen Satzes in der Antwort ist freigestellt.

Vergleichen Sie:

Mae'r bwyd yn barod.
maar bu-id ön barod
ist-das Essen G(L!) (l!)fertig
Das Essen ist fertig.

Ydy'r bwyd yn barod?
ödir bu-id ön barod
ist-das Essen G(L!) (l!)fertig
Ist das Essen fertig?

Ydy, mae'r bwyd yn barod.
ödi, maar bu-id ön barod
ist, ist-das Essen G(L!) (l!)fertig
Ja, das Essen ist fertig.

Nac ydy, dydy'r bwyd ddim yn barod.
nak ödi, dödir bu-id thim ön barod
nicht ist, nicht-ist-das Essen (l!)nichts G(L!) (l!)fertig
Nein, das Essen ist nicht fertig.

Das Wörtchen **mae** kann auch „es gibt" heißen. Die Formen in der bejahten/verneinten und im verneint wiederholten Satz heißen dann aber anders:

mae	maa	es gibt
Oes ...?	eus	Gibt es ...?
Oes.	eus	Ja.
Nac oes.	nak eus	Nein.
does dim ...	deus dim	es gibt nichts/ es gibt kein

Hier bezieht sich **dim** *auf das folgende Hauptwort und wird daher nicht leniert.*

Oes gwesty yn Abergwaun?
eus gwesti ön abergwein
es-gibt Hotel in Abergwaun
Gibt es in Abergwaun (Fishguard) ein Hotel?

Oes, mae gwesty yn Abergwaun.
eus, maa gwesti ön abergwein
es-gibt, ist Hotel in Abergwaun
Ja, es gibt ein Hotel in Abergwaun.

Nac oes, does dim gwesty yn Abergwaun.
nak eus, deus dim gwesti ön abergwein
nicht es-gibt, nicht-es-gibt nichts Hotel in Abergwaun
Nein, es gibt kein Hotel in Abergwaun.

unvollendete Vergangenheit

roedd	reuth	war
Oedd ...?	euth	War ...?
Oedd.	euth	Ja.
Nac oedd.	nak euth	Nein.
doedd ... ddim	deuth thim	war nicht

Oedd e'n cael cinio?
euth en ka-el kini-o
war er-G bekommen Mittagessen
Hat er (regelmäßig) zu Mittag gegessen?

Oedd, roedd e'n cael cinio.
euth, reuth en ka-el kini-o
war, war er-G bekommen Mittagessen
Ja, er hat (regelmäßig) zu Mittag gegessen.

Nac oedd, doedd e ddim yn cael cinio.
nak euth, deuth e thim ön ka-el kini-o
nicht war, nicht-war er (l!)nichts G bekommen Mittagessen
Nein, er hat nicht (regelmäßig) zu Mittag gegessen.

In der Zukunft wird **bydd** (wird sein) in der Frage und negativen Antwort leniert. Beachten Sie: Das Wörtchen **nac** (nicht) wird vor Mitlauten zu **na** verkürzt.

bydd	biith	wird sein
Fydd ...?	wiith	Wird ... sein?
Bydd.	biith	Ja.
Na fydd.	na wiith	Nein.
fydd ... ddim	wiith thim	wird nicht

Fydd Siân yn astudio?	**Bydd, bydd hi'n astudio.**
wiith schaan ön astidi-o	biith, biith hin astidi-o
(l!)wird Jane G studieren	*wird, wird sie-G studieren*
Wird Jane studieren?	Ja, sie wird studieren.

Na fydd, fydd hi ddim yn astudio.
na wiith, wiith hi thim ön astidi-o
nicht(L!) (l!)wird, (l!)nicht-wird sie nichts G studieren
Nein, sie wird nicht studieren.

Bis hier wurde nur die verneinte Antwort mit der 3. Person Einzahl („er, sie, es") behandelt. Im folgenden Abschnitt erhalten Sie eine Übersicht über das verneinte Verb **bod** (sein) für alle Personen in allen Zeiten.

Das Verb „bod“ (sein) in der Verneinung

Mit den verneinten Formen des Hilfsverbs **bod** (sein) werden Frage, Antwort und Verneinung genauso wie im einfachen Aussagesatz konstruiert und dann **ddim** nach dem persönlichen Fürwort ergänzt. Die Formen von verneinter Gegenwart und unvollendeter Vergangenheit kann man sich gut merken: statt **r-** steht **d-** (vgl. Kap. „Das Verb ‚bod‘ (sein)“).

In der Zukunft wird das zu beugende Verb **bydd(-)** leniert, wird also zu **fydd(-).**

	Gegenwart	unvoll. Verg.	Zukunft
ich	**dydw i** dödu i bin nicht	**doeddwn i** deuthun i war nicht	**fyddaf i** wötha i werde nicht sein
du	**dwyt ti** du-it ti	**doeddet ti** deuthet ti	**fyddi di** wöthi di
er/sie	**dydy e/hi** dödi e/hi	**doedd e/hi** deuth e/hi	**fydd e/hi** wiith e/hi
wir	**dydyn ni** dödin ni	**doedden ni** deuthen ni	**fyddwn ni** wöthun ni
ihr	**dydych chi** dödich chi	**doeddech chi** deuthech chi	**fyddwch chi** wöthuch chi
sie (Mz)	**dydyn nhw** dödin hu	**doedden nhw** deuthen hu	**fyddan nhw** wöthan hu

Doeddwn i ddim yn nofio ddoe.
deuthun i thim ön nowi-o theu
nicht-war ich (l!)nichts G schwimmen (l!)gestern
Ich bin gestern nicht geschwommen (den ganzen Tag nicht).

Das Verb „bod“ (sein) in der Verneinung

Dwyt ti ddim wedi gweld y castell.
du-it ti thim wedi gweld ö kastehl
nicht-bist du (l!)nichts V sehen die Burg
Du hast die Burg (noch) nicht gesehen.

Fyddaf i ddim yn mynd i'r dref.
wötha i thim ön mind ir dree
werde ich (l!)nichts G gehen nach-die(L!) (l!)Stadt
Ich werde nicht in die Stadt gehen.

Dim *heisst „nichts“, leniert wird es wie ein Umstandswort gebraucht und lautet dann* **ddim.** *Übrigens: Die Form der 1. Person* **dydw** *(nicht bin) wird in der gesprochenen Sprache oft zu* **dw** *verkürzt.*

Die verneinten Formen (aber ohne **ddim**) stehen auch mit den folgenden verneinten unbestimmten Fürwörtern („G“ für Gegenwart, „V“ für Vergangenheit, „Z“ für Zukunft):

dim byd *nichts Welt*	dim biid	nichts
neb	neeb	niemand
byth	bith	niemals (G, Z)
erioed	eri-eud	niemals (V)
yn unman *G ein-Ort*	ön iinman	nirgends

Does neb yn gwybod.
deus neeb ön gu-ibod
nicht-es-gibt niemand G wissen
Keiner weiß es.

Fyddaf i byth yn bwyta cig!
wötha i bith ön bu-ita kiig
werde ich niemals(Z) G essen Fleisch
Ich werde nie Fleisch essen!

Fragen mit Fragewörtern

Ergänzungsfragen werden mit Fragewörtern gebildet. Hinter einigen Fragewörtern steht in der 3. Person Einzahl **mae** (ist), hinter anderen **ydy** (ist), bei zwei Fragewörtern auch **yw** (ist) (alles Formen von **bod**).

Bei anderen Personen als der 3. Person Einzahl sind dem Fragewort die gebeugten Formen von **bod** nachgestellt. Einziger Unterschied: Die Anfangsbuchstaben **r-** (positiver Aussagesatz) **d-** (verneinter Aussagesatz) entfallen, die Aussprache ist aber dieselbe. In der 1. Person Einzahl wird **y-** ergänzt (also **ydw i** statt **dw i**).

Beachten Sie: Die Zukunftsformen von **bod** *(sein) werden nach einem Fragewort leniert.*

	Gegenwart	unvoll. Verg.	Zukunft
ich	**ydw i**	**oeddwn i**	**fyddaf i**
	bin ich?	war ich?	werde ich sein?
du	**wyt ti**	**oeddet ti**	**fyddi di**
er/sie	**yw/ydy e/hi**	**oedd e/hi**	**fydd e/hi**
wir	**ydyn ni**	**oedden ni**	**fyddwn ni**
ihr	**ydych chi**	**oeddech chi**	**fyddwch chi**
sie (Mz)	**ydyn nhw**	**oedden nhw**	**fyddan nhw**

Wyt ti'n dod yfory?
u-it tin dood öwori
bist du-G kommen morgen
Kommst du morgen?

Fragewörter

Steht die Frage in der 3. Person Ez, werden folgenden Fragewörter durch **mae** (ist) ergänzt:

ble	blee	wo?
o ble	o blee	woher?
i ble	i blee	wohin?
pryd	priid	wann?
sut	sit	wie?
pam	pam	warum?

Bei folgenden Fragewörtern wird dagegen stets **yw**/**ydy** (ist) nachgestellt:

beth	beth	was?
pwy	pu-i	wer?
pa (L!)	paa	welche/r/s?
faint o (L!) +Mz	weint o	wie viel/e?
sawl +Ez	saul	wie viel/e?

Achtung:
Nach **faint o** *steht das nachfolgende Hauptwort immer in der Mehrzahl, nach* **sawl** *immer in der Einzahl.*

Ble mae'r dafarn?
blee maar dawarn
wo ist-die(L!) (l!)Kneipe
Wo ist die Kneipe?

Beth ydy e'n yfed?
beth ödi en öwed
was ist er-G trinken
Was trinkt er?

Nach **beth** (was?) und **pwy** (wer?) kann **ydy** auch zu **yw** verkürzt werden, wenn der Satzgegenstand (Subjekt) und die Satzergänzung (Objekt) identisch sind.

Beth ydy/yw hynny?
beth ödi/i-u hönni
was ist/ist das
Was ist das?

Pwy ydy'r/yw'r dyn yna?
pu-i ödir/i-ur din öna
wer ist-der/ist-der Mann dort
Wer ist der Mann dort?

Ergänzungsfragen mit anderen Verben

Stehen Fragewörter vor anderen Verben als **bod** (sein), vor Eigenschaftswörtern, Umstandswörtern oder unbestimmten Fürwörtern, dann wird statt **mae** (ist) und **ydy** (ist) das Wörtchen **sy** (welche/r/s ist) zwischen Fragewort und Grundform des Verbs geschoben.

Beth sy wedi digwydd?
be~~th~~ si wedi digwith
was welches-ist V passieren
Was ist passiert?

Pa lefydd sy'n ddiddorol?
paa lewith sin thithorol
welche(L!) (l!)Orte welche-sind-G(L!) (l!)interessant
Welche Orte sind interessant?

Folgt dem Fragewort ein gebeugtes Verb, dann wird dieses leniert, falls möglich (Beispiele: **prynu** „kaufen“, **yfed** „trinken“).

Beth brynodd hi?
be~~th~~ brönoth hi
was(L!) (l!)kaufte sie
Was hat sie gekauft?

Beth yfodd hi?
be~~th~~ öwoth hi
was trank sie
Was hat sie getrunken?

Auffordern & Befehlen

Im Walisischen gibt es zwei Befehlsformen: eine für die Aufforderung an eine einzelne Person, die man duzt (z. B. „frag!") und eine für mehrere Personen (z. B. „fragt!"), die auch als Höflichkeitsform verwendet wird (z. B. „fragen Sie!")

Die Aufforderung an eine einzelne, vertraute Person wird in der Regel durch das Hinzufügen von **-a** an die Grundform (ohne Grundformendung) gebildet, die Mehrzahl und Höflichkeitsform durch das Hinzufügen von **-wch.** Das persönliche Fürwort wird wie im Deutschen nicht gebraucht.

pryn-u	pröni	kaufen
pryna!	pröna	kauf!
prynwch!	prönuch	kauft/kaufen Sie!
eistedd	äisteth	sich setzen, sitzen
eistedda!	äistetha	setz dich!
eisteddwch!	äistethuch	setzt euch! setzen Sie sich!

Die Grundform des Verbs **eistedd** *ist endungslos. Daher wird* **-a** *angehängt.*

Die Verbotsform wird durch Voranstellen von **paid** peid (2. Person Ez) oder **peidiwch** päidi-uch (Mz-/Höflichkeitsform) vor die Grundform (inkl. Endung, wenn vorhanden) gebildet. Im Nordwalisischen ist es üblich, nach **paid** und **peidiwch** außerdem **â** (mit) nachzustellen. Der Anfangsbuchstabe des folgenden Verbs wird dann „gehaucht", wenn dies möglich ist.

Unterscheiden Sie die süd- und nordwalisischen Varianten der Verbotsform.

paid prynu! (S) peid pröni	kauf nicht!
paid â phrynu! (N) peid aa fröni	kauf nicht!
peidiwch prynu! (S) päidi-uch pröni	kauft nicht! / kaufen Sie nicht!
peidiwch â phrynu! (N) päidi-uch aa fröni	kauft nicht! / kaufen Sie nicht!
paid eistedd! (S) peid äisteth	setz dich nicht!
paid â eistedd! (N) peid aa äisteth	setz dich nicht!
peidiwch eistedd! (S) päidi-uch äisteth	setzt euch nicht! / setzen Sie sich nicht!
peidiwch â eistedd! (N) päidi-uch aa äisteth	setzt euch nicht! / setzen Sie sich nicht!

unregelmäßige Befehlsformen

Die verneinten Formen der unregelmäßigen Befehlsformen werden jedoch immer wie bei den regelmäßigen Verben gebildet!

bod	bood	sein
bydda!	bötha	sei!
byddwch!	böthuch	seid/seien Sie!
mynd	mind	gehen
cer! (S)	keer	geh!
dos! (N)	doos	geh!
cerwch! (S)	keruch	geht/gehen Sie!
ewch! (N)	e-uch	geht/gehen Sie!
dod	dood	kommen
dere! (S)	dere	komm!
tyrd! (N)	tird	komm!
dewch (S)	de-uch	kommt/kommen Sie!
dowch! (N)	do-uch	kommt/kommen Sie!

gwneud	gunäid	machen
gwna!	guna	mach!
gwnewch!	gune-uch	macht/machen Sie!

Dewch yma! (S) / **Dowch yma!** (N)
de-uch öma / do-uch öma
kommt hier
Kommen Sie/kommt her!

Haben, Brauchen, Müssen

Im Walisischen gibt es kein eigenes Wort für „haben" im Sinne von „besitzen". So auch nicht für die deutschen Verben „brauchen" und „müssen".

haben

Man umschreibt „haben" durch **mae** (ist, es gibt) plus dem Verhältniswort **gyda** göda (S) bzw. **gan** gan (N) (mit) plus dem gewünschten persönlichen Fürwort, wenn es sich um Gegenstände, Sprachen (z. B. **Cymraeg** kömreig „Walisisch", **Saesneg** seisneg „Englisch", **Ffrangeg** frangeg „Französisch"), Gefühlsäußerungen und einige Krankheiten handelt. Da die Nordvariante **gan** gan (N) mit persönlichen Fürwörtern gebeugte Formen bildet (vgl. Kapitel „Auf, bei, mit & von"), verwenden Sie am besten **gyda,** da es sich nie verändert.

Beachten Sie: Es gibt kein Hilfsverb „haben", das wie im Deutschen zur Bildung zusammengesetzter Zeiten gebraucht wird.

Haben, Brauchen, Müssen

Die vollständigen gebeugten Formen des Verhältniswortes **gan** *(mit) stehen im Kapitel „Auf, bei, mit & von". Übrigens: Im Norden wird* **mae** *wie* mei *ausgesprochen.*

Mae Cymraeg gyda fi. (S)	**Mae Cymraeg gen i.** (N)
maa kömreig göda wi	mei kömreig gen i
ist Walisisch mit ich	*ist Walisisch mit ich*
Ich spreche Walisisch.	Ich spreche Walisisch.

Wird ein spezielles Körperteil genannt, dann wird **gyda** auch bei Krankheiten verwendet.

Mae pen tost gyda fi.	**Mae car gyda fi.**
maa pen tost göda wi	maa kaar göda wi
ist Kopf Schmerz mit ich	*ist Auto mit ich*
Ich habe Kopfschmerzen.	Ich habe ein Auto.

Bei sonstigen physischen und psychischen Zuständen wird allerdings das Verhältniswort **ar** (auf) verwendet, das mit den persönlichen Fürwörtern auch wieder gebeugte Formen bildet (s. Kapitel „Auf, bei, mit & von").

Mae syched ar y plentyn.	**Mae ofn arna i.**
maa söched ar ö plentin	maa own arna i
ist Durst auf das Kind	*ist Angst auf ich*
Das Kind hat Durst.	Ich habe Angst.

brauchen

Das deutsche Verb „brauchen" umschreibt man durch **mae eisiau** maa iische (ist Mangel) + das, was man braucht (Hauptwort) + **ar**. Steht danach ein persönliches Fürwort (und kein Hauptwort oder Name), dann bildet **ar** wieder die gebeugten Formen.

Mae eisiau asbirin ar Siôn.
maa iische asbirin ar schoon
ist Mangel Aspirin auf John
John braucht eine Kopfschmerztablette.

Mae eisiau asbirin arna i.
maa iische asbirin arna i
ist Mangel Aspirin auf(-mir) ich
Ich brauche eine Kopfschmerztablette.

müssen

Das deutsche Verb „müssen“ wird ausgedrückt durch (gebeugtes) **bod** (sein) + **rhaid** hreid (Notwendigkeit) + **i** (zu). Danach folgt das persönliche Fürwort und die Grundform des Verbs, das beschreibt, „was“ man tun muss. Dieses Verb wird leniert, hier am Beispiel **mynd** mind (gehen) gezeigt.

In einem Fragensatz mit „müssen“ wird statt des gebeugten **bod** die Frageform **oes** (es gibt) verwendet.

Beachten Sie: **i** *(zu) bildet mit manchen Fürwörtern wieder gebeugte Formen (s. Kapitel „Auf, bei, mit & von).*

Oes rhaid i chi fynd?
eus hreid i chi wind
es-gibt Notwendigkeit zu ihr(Mz) (l!)gehen
Müsst ihr / müssen Sie gehen?

Oes, mae rhaid i fi fynd.
eus, maa hreid i wi wind
es-gibt, ist Notwendigkeit zu(L!) (l!)ich (l!)gehen
Ja, ich muss gehen.

Ohne **rhaid** (Notwendigkeit) kann diese Satzkonstruktion auch wie folgt verwendet werden:

Mae hi'n well i fi fynd.
maa hin wehl i wi wind
ist sie-G(L!) (l!)besser zu(L!) (l!)ich (l!)gehen
Ich gehe besser.

Mae hi'n (hen) bryd i fi fynd.
maa hin (heen) briid i wi wind
ist sie-G(L!) (alt(L!)) (l!)Zeitpunkt zu(L!) (l!)ich (l!)gehen
Es ist für mich (höchste) Zeit zu gehen.

Wollen, Mögen, Können, Sollen

Die walisischen Verben für „wollen, mögen, können, sollen" werden ähnlich wie die deutschen Modalverben gehandhabt.

mögen, ich möchte

Das Verb **hoff-i** hofi hat zwei Bedeutungen: „mögen" und in der Bedingungsform (Konditional) „ich möchte". Für die Bedeutung „mögen" wird die Verlaufsform angewendet, d. h. **hoff-i** steht immer in der Grundform, nur „bin ich" wird gebeugt. Danach kann ein Hauptwort oder eine weitere Grundform stehen.

Dw i'n hoffi coffi.
du in hofi kofi
bin ich-G mögen Kaffee
Ich mag Kaffee.

Dw i'n hoffi mynd am dro.
du in hofi mind am droo
bin ich-G mögen gehen(L!) (l!)um Drehung
Ich gehe gerne spazieren.

In der Bedeutung „ich möchte" etc. muss **hoff-i** in der Bedingungsform gebeugt werden. Diese ist vor allem in höflichen Anfragen üblich und daher wichtig. Danach kann ein Hauptwort oder eine weitere Grundform stehen.

Die Bedingungsform kann man auch mit anderen Verben bilden. Am häufigsten kommt sie jedoch bei „ich möchte" etc. und „ich sollte" etc. vor (s. Kapitel „sollen"). Die Bindestriche hier dienen nur der Verdeutlichung und werden sonst nicht geschrieben.

hoff-wn i *würde-mögen ich*	hofun i	ich möchte
hoff-et ti *würdest-mögen du*	hofet ti	du möchtest
hoff-ai fe/hi *würde-mögen er/sie*	hofei we/hi	er/sie möchte
hoff-en ni *würden-mögen wir*	hofen ni	wir möchten
hoff-ech chi *würdet-mögen ihr(Mz)*	hofech ch	ihr möchtet, Sie möchten
hoff-en nhw *würden-mögen sie*	hofen hu	sie möchten

Hoffech chi baned o de?
hofech chi baned o dee
würdet-mögen(L!) ihr (l!)tassevoll von(L!) (l!)Tee
Möchten Sie eine Tasse Tee haben?

Hoffech chi fynd i'r dafarn?
hofech chi wind ir dawarn
würdet-mögen(L!) ihr (l!)gehen zu-die(L!) (l!)Kneipe
Haben Sie Lust, in die Kneipe zu gehen?

wollen

„Wollen" heißt **eisiau** iische (N) oder **moyn** meun (S). Beide Verben werden nur in der Verlaufsform verwendet. Die Standardsprache verwendet eher **eisiau.** Achtung: Das Verbindungswort **yn** entfällt (einzige Ausnahme). Das Verb, das durch die Modalverben modifiziert wird, wird wie im Deutschen in seiner Grundform nachgestellt.

Dw i'n moyn mynd. (S)
du in meun mind
bin ich-G wollen gehen
Ich will gehen.

Dw i eisiau cysgu. (N)
du i iische kösgi
bin ich wollen schlafen
Ich will schlafen.

können

Auch das Verb **gallu** (können) kann in der Verlaufsform mit **bod** (sein) verwendet werden:

Dw i'n gallu nofio.
du in gahli nowi-o
bin ich-G können schwimmen
Ich kann schwimmen.

Bei Frage und Antwort ist es allerdings ausnahmsweise üblich, in der Gegenwart gebeugte Formen zu verwenden. Das Verb **gallu** heißt dann neben „können" auch „dürfen", je nach Sitution. In der Frage werden **gallu** und das folgende Verb in der Grundform leniert.

Allaf i gael brecwast nawr?
ahla i ga-el brekwast naur
(l!)kann(L!) ich (l!)bekommen Frühstück jetzt
Kann ich jetzt mein Frühstück bekommen?

Allaf i dalu yfory?
ahla i dali öfori
(l!)kann(L!) ich (l!)bezahlen morgen
Darf ich (erst) morgen bezahlen?

In der Antwort wird das Verb wiederholt:

Gallwch.	**Na allwch.**
gahluch	na ahluch
könnt(-ihr)	*nicht(L!) (l!)könnt(-ihr)*
Ja.	Nein.

sollen

Wenn man etwas tun „soll", dann verwendet man das Verb **dyl-wn** dölun (ich sollte), das nur in der Bedingungsform vorkommt. Es wird dann wie **hoff-i** hofi (mögen) gebeugt. Die Bindestriche in der folgenden Tabelle sollen hier nur die Personalendung hervorheben und werden natürlich sonst nicht geschrieben.

dyl-wn i *würde-sollen ich*	dölun i	ich sollte
dyl-et ti *würdest-sollen du*	dölet ti	du solltest
dyl-ai fe/hi *würde-sollen er/sie*	dölei we/hi	er/sie sollte
dyl-en ni *würden-sollen wir*	dölen ni	wir sollten
dyl-ech chi *würdet-sollen ihr*	dölech chi	ihr solltet, Sie sollten
dyl-en nhw *würden-sollen sie*	dölen hu	sie sollen

Im verneinten Satz wird **dylwn** *(ich sollte) leniert.*

Ddylen ni ddim smocio.
thölen ni thim smoki-o
(l!)sollten wir (l!)nichts rauchen
Wir sollten nicht rauchen.

Und, oder & aber

Die meisten Bindewörter (Konjunktionen) werden wie im Deutschen verwendet.

Beachten Sie: Die Varianten* **ag *und* **nag** *stehen vor Selbstlauten.*

a (H!)/ **ag***	a, ag	und
dim ... na (H!)/ **nag***	dim ... na/nag	weder ... noch
ond	ond	aber, sondern
neu (L!) – **namyn**	nei – namin	oder – außer
achos	achos	weil
pan (L!)	pan	als (zeitl.)
tra	traa	während
sy	si	welcher
os	oos	wenn (falls)

Awn ni i'r traeth os chi eisiau.
aun ni ir trei~~th~~ oos chi iische
gehen wir zu-der Strand wenn ihr wollen
Gehen wir zum Strand, wenn Sie wollen.

Hoffwn i aros yma, ond mae rhaid i fi fynd adref.
hofun i aros öma, ond maa hreid i wi wind adre
würde-mögen ich bleiben hier, aber ist Notwendigkeit zu(L!) (l!)ich (l!)gehen nach-Hause
Ich würde gerne hier bleiben, aber ich muss nach Hause gehen.

A'i gael sglodion yma, achos mae eisiau bwyd arna i.
a-i ga-el sglodi-on öma, achos maa iische bu-id arna i
gehe(L!)-ich (l!)bekommen Pommes hier, weil ist wollen Essen auf ich
Ich werde hier Pommes frites essen, da ich Hunger habe.

Pwy sy'n siarad?
pu-i sin scharad
wer welcher-ist-G sprechen
Wer spricht (gerade)?

Der Gebrauch von „dass" ist im Walisischen sehr kompliziert. Es gibt dafür mehrere Wörter, z. B. **bod** (sein), **mai, taw,** wobei **bod** aber gebeugt werden muss und **mai** und **taw** nicht immer verwendet werden können. Für Neugierige und Hochmotivierte sind in der Literaturliste einige Bücher zum Weiterlernen aufgeführt.

Auf, bei, mit & von

Das auf ein Verhältniswort (Präposition) folgende Hauptwort wird oftmals leniert, nasaliert oder behaucht. Die wichtigsten Verhältniswörter sind:

ar (L!)	ar	auf
at (L!)	at	bei
hyd (L!)	hiid	bis
dros (L!), **trwy/drwy** (L!)	dros, tru-i/dru-i	durch
tua (H!)	ti-a	gegen
yn (N!)	ön	in
â (H!), **gyda** (H!)	aa, göda	mit
wrth (L!)	urth	mit, bei
heb (L!)	heeb	ohne
am (L!)	am	um, für
dan (L!)	daan	unter
o (L!)	o	von, aus
rhag	hrag	vor
i (L!)	ii	zu, für

Mae'r bara am bunt.
maar bara am bint
ist-das Brot für(L!) (l!)Pfund
Das Brot kostet ein Pfund.

Does dim ots gyda fi.
deus dim ots göda wi
nicht-es-gibt nichts Unterschied mit mir
(Das) macht mir nichts aus.

gebeugte Verhältniswörter

Eine Besonderheit des Walisischen ist, dass die Verhältniswörter sich oft zusammen mit den persönlichen Fürwörtern verändern, d. h. sie werden gebeugt (aber nicht alle). Die Beugung funktioniert so wie beim Verb, es gibt jeweils unterschiedliche Formen, je nach Einzahl oder Mehrzahl, Person und in der 3. Person Einzahl auch nach Geschlecht. Dem gebeugten Verhältniswort folgt ein persönliches Fürwort. Es gibt für die 1. und 3. Person (m) Einzahl keine Regeln, welche der Varianten zu verwenden ist (**i**/**fi**/**mi** oder **fe**/**e**).

ar	**„auf“**		
arn-a i	auf mir	**arn-on ni**	auf uns
arn-at ti	auf dir	**arn-och chi**	auf euch
arn-o fe	auf ihm	**arn-yn nhw**	auf ihnen
arn-i hi	auf ihr		

arn- *ist der Stamm der gebeugten Formen von* **ar-** *(hier der besseren Übersicht wegen durch Bindestriche von der Endung getrennt).*

Genauso funktioniert die Beugung auch bei folgenden Verhältniswörtern:

at	bei	**at-a i**	bei mir
dan	unter	**dan-a i**	unter mir
am	um, für	**amdan-a i**	für mich

Mae syched arna i.
maa söched arna i
ist Durst auf ich
Ich habe Durst.

Auf, bei, mit & von

Bei der Beugung des Verhältniswortes **gan** *muss man sich auch den Selbstlautwechsel merken.*

gan	**„mit"**		
gen i	mit mir	**gynnon ni**	mit uns
gen ti	mit dir	**gynnoch chi**	mit euch
ganddo fe	mit ihm	**ganddyn nhw**	mit ihnen
ganddi hi	mit ihr		

In Südwales ist das unveränderliche **gyda** (mit) gebräuchlicher:

Mae car gynnon ni. (N)
mei kaar gönnon ni
ist Auto mit wir
Wir haben ein Auto.

Mae car gyda ni. (S)
maa kaar göda ni
ist Auto mit wir
Wir haben ein Auto.

i	**„zu, für"**
i fi/mi	zu mir, für mich
i ti	zu dir, für dich
iddo fe	zu ihm, für ihn
iddi hi	zu ihr, für sie
i ni	zu uns, für uns
i chi	zu euch/Ihnen, für euch/Sie
iddyn nhw	zu ihnen

Cymerwch gwpanaid o de cyn i chi fynd.
kömeruch gupaneid o dee kin i chi wind
nehmt(L!) (l!)tassevoll von(L!) (l!)Tee bevor zu euch (l!)gehen
Trinken Sie eine Tasse Tee, bevor Sie gehen.

heb	**„ohne"**		
hebddo i	ohne mich	**hebddon ni**	ohne uns
hebddot ti	ohne dich	**hebddoch chi**	ohne euch
hebddo fe	ohne ihn	**hebddyn nhw**	ohne sie
hebddi hi	ohne sie		

Genauso funktioniert die Beugung auch bei folgenden Verhältniswörtern:

rhag	vor	**rhagddo i**	vor mir
trwy/drwy	durch	**trwyddo i**	durch mich
o	von	**ohono i**	von mir

Aeth hi hebddo fe.
eith hi hebtho we
ging sie ohne er
Sie ging ohne ihn.

Zahlen & Zählen

Die Zahlen 2, 3, 4 haben auch weibliche Formen. Alle anderen Zahlen können sowohl vor männlichen als auch weiblichen Hauptwörtern stehen. Gezählt wird mit den Grundzahlen.

Grundzahlen von 0 bis 10

Einige Zahlen lösen beim nachfolgenden Hauptwort eine Mitlautänderung aus. Am wichtigsten ist die Lenierung nach **un** (1, w) und **dau/dwy** (2, m/w) alle anderen Mitlautwechsel werden in der gesprochenen Sprache oft weggelassen. Vor Hauptwörtern werden die Varianten **pum** (5) und **chwe** (6) gebraucht, die dann Nasalierung oder Behauchung auslösen (aber nicht in allen Dialekten).

Zahlen & Zählen

Bei den Zahlen läuft das Walisische noch mal zu Hochtouren auf. Leider können Sie sich auch hier nicht bequem zurücklehnen.

	m oder m+w	nur w
0	**dim** dim	
1	**un** iin	**un** (L!) iin
2	**dau** (L!) dei	**dwy** (L!) du-i
3	**tri** (H!) trii	**tair** teir
4	**pedwar** pedwar	**pedair** pedeir
5	**pump** pimp, **pum** (N!) pim	
6	**chwech** chwech, **chwe** (H!) chwee	
7	**saith** (N!) sei~~th~~	
8	**wyth** (N!) u-i~~th~~	
9	**naw** (N!) nau	
10	**deg** deeg, **deng** (N!) deng	

Unmittelbar nach den Zahlwörtern steht das Hauptwort in der Einzahl (einzige Ausnahme s. u.). Dem Zahlwort kann auch die Partikel **o** (L!) (von) folgen. Dann steht das Hauptwort allerdings in der Mehrzahl, hier am Beispiel **merch** (Mädchen) gezeigt:

un ferch	iin werch	ein Mädchen
ein(L!) (l!)Mädchen(Ez)		
dwy ferch	du-i werch	zwei Mädchen
zwei(L!,w) (l!)Mädchen (Ez)		
tair merch	teir merch	drei Mädchen
drei(w) Mädchen(Ez)		
merched	merched	Mädchen (Mz)
Mädchen(Mz)		
tair o ferched	teir o werched	drei Mädchen
drei(w) von(L!) (l!) Mädchen(Mz)		

Die Varianten **pum** (fünf) und **chwe** (sechs) stehen vor Hauptwörtern:

Mae chwe brechdan yn ddigon.
maa chwee brechdan ön thigon
ist sechs Sandwiches G(L!) (l!)genug
Sechs Sandwiches sind genug.

Mae'r chwech yn ddigon.
maar chwech ön thigon
ist die sechs G(L!) (l!)genug
Die sechs reichen.

Nicht **deg,** sondern die Variante **deng** (N!) (zehn) steht vor **blynedd** blöneth (Jahre). In diesem Fall steht das Hauptwort außerdem ausnahmsweise in der Mehrzahl!

deng mlynedd	deng mlöneth	10 Jahre
zehn(N!) (n!)Jahre(Mz)		
blwydd oed	blu-ith eud	(ein) Jahr alt
Jahr Alter		
deng mlwydd oed	deng mlu-ith eud	10 Jahre alt
zehn(N!) (n!)Jahr Alter		
diwrnod	di-urnod	Tag
deng niwrnod	deng ni-urnod	10 Tage
zehn(N!) (n!)Tag		

Eigentlich heißt die Ez **blwyddyn** *(Jahr), die Variante* **blwydd** *kommt nur mit* **oed** *(Alter) vor.*

Deng steht auch vor Wörtern, die mit **m-, n-** oder einem Selbstlaut anfangen:

munud	minid	Minute
mil	miil	Tausend
miliwn	mili-un	Million
modfedd	modweth	Zoll, Inch
milltir	mihltir	Meile
awr	aur	Stunde

Neben **deng awr** *ist auch die Variante* **deg awr** *gebräuchlich, beides ist richtig.*

Grundzahlen von 11 bis 99

Sie sollten in der Lage sein, die traditionellen Zahlen zu verstehen, auch wenn Sie selber vielleicht die zusammengesetzten verwenden.

Bei den Zahlen von 11 bis 99 gibt es zwei Zahlensysteme: die traditionellen und die zusammengesetzten Zahlen. Einfacher sind die zusammengesetzten Zahlen, die traditionellen Zahlen werden allerdings häufiger verwendet.

Gerechnet wird zwar mit den zusammengesetzten Zahlen, auch Seitenzahlen und Nummern werden so angegeben, alles andere jedoch, z. B. die Uhrzeit, wird mit den traditionellen Zahlen gesagt. Allerdings dehnt sich der Gebrauch der zusammengesetzten Zahlen inzwischen auch auf andere Bereiche aus.

Die traditionellen Zahlen basieren auf dem alten keltischen System, wo zu den zehn Fingern noch die zehn Zehen dazugenommen werden, man zählt also in 20ern: **ugain** (20 = 1 x 20), **deugain** (40 = 2 x 20), **trigain** (60 = 3 x 20), **pedwar ugain** (80 = 4 x 20)**, chweugain** (120 = 6 x 20). Vergleichen Sie das französische „vingt“ (20) und „quatre-vingt“ (80 = 4 x 20).

Beachten Sie für die nächste Tabelle, dass auch nach den Einerzahlen in zusammengesetzten Zahlen die oben angeführten Mitlautänderungen eintreten!

Die meisten anderen traditionellen Zahlen werden mit Einer + **ar** + Zehner gebildet (vgl. deutsch „ein-und-zwanzig“). Ausnahmen sind **deuddeg** (12 = 2 + 10), **pymtheg** (15 = 5 + 10), **dau/dwy ar bymtheg** (17 = 2 + 15), die wie **deg/deng** (10, siehe oben) gebraucht werden, und **deunaw** (18 = 2 x 9). Bei den „moderneren“ zusammengesetzten Zahlen werden die Zahlen einfach aneinandergereiht, z. B. **un deg wyth** („eins zehn acht“ = achtzehn).

	traditionell	zusammengesetzt
11	**un ar ddeg** iin ar theeg	**un deg un** iin deg iin
12	**deuddeg, deuddeng** däitheg, däitheng	**un deg dau** (m)/**dwy** (w) iin deg dei/du-i
13	**tri** (m)/**tair** (w) **ar ddeg** trii/teir ar theeg	**un deg tri** (m)/**tair** (w) iin deg trii/teir
14	**pedwar** (m)/ **pedair** (w) **ar ddeg** pedwar/pedeir ar theeg	**un deg pedwar** (m)/**pedair** (w) iin deg pedwar/pedeir
15	**pömtheg, pömtheng** pim~~th~~eg, pim~~th~~eng	**un deg pump** iin deg pimp
16	**un ar bymtheg** iin ar bim~~th~~eg	**un deg chwech** iin deg chwech
17	**dau** (m)/**dwy** (w) **ar bömtheg** dei/du-i ar bim~~th~~eg	**un deg saith** iin deg sei~~th~~
18	**deunaw** deinau	**un deg wyth** iin deg u-i~~th~~
19	**pedwar** (m)/**pedair** (w) **ar bömtheg** pedwar/pedeir ar bim~~th~~eg	**un deg naw** iin deg nau
20	**ugain** igein	**dau ddeg** dei theg
21	**un ar hugain** iin ar higein	**dau ddeg un** dei theg iin
22	**dau** (m)/**dwy** (w) **ar hugain** dei/du-i ar higein	**dau ddeg dau** (m)/**dwy** (w) dei theg dei/du-i
30	**deg ar hugain** deeg ar higein	**tri deg** tri deg
31	**un ar ddeg ar hugain** iin ar theeg ar higein	**tri deg un** tri deg iin
40	**deugain** däigein	**pedwar deg** pedwar deg
50	**hanner cant** hanner kant	**pum deg** pim deg

	traditionell	zusammengesetzt
60	**trigain** trigein	**chwe deg** chwe deg
70	**deg a thrigain** deeg a ~~th~~rigein	**saith deg** sei~~th~~ deg
80	**pedwar ugain** pedwar igein	**wyth deg** u-i~~th~~ deg
90	**deg a phedwar ugain** deeg a fedwar igein	**naw deg** nau deg

Grundzahlen ab 100

Die Zahlen von 1-10 werden mit **a** (H!) (und) angeschlossen. So funktionieren auch die traditionellen Zahlen über 10, während die zusammengesetzten aneinandergereiht werden.

Die Nebenform **can** *(hundert) wird ähnlich wie* **pum** *(fünf),* **chwe** *(sechs) vor Hauptwörtern gebraucht.*

100	**cant, can** kant, kan	300	**trichant** trichant
120	**chweugain** chwäigein	1000	**mil** (w) miil
200	**deugant** däigant	1000000	**miliwn** (w) mili-un

cant a deg ar hugain (130)
kant a deeg ar higein
hundert und zehn auf zwanzig

cant tri deg (130)
kant tri deg
hundert drei zehn

punt *bezeichnet Gewicht und Währung!*

can punt
kan pint
hundert Pfund
100 Pfund

can milltir
kan mihltir
hundert Meile
100 Meilen

mil naw cant chwe deg pump
miil nau kant chwe deg pimp
tausend neun hundert sechs zehn fünf
1965

Bei „großen" Zahlen werden Tausender, Hunderter, Zehner, Einer einfach aneinandergereiht.

dwy fil dau
du-i wiil dei
zwei(L!) (l!)tausend zwei
2002

un bws ar ddeg
iin bus ar theeg
ein Bus auf(L!) (l!)zehn
elf Busse

Ordnungszahlen von 1 bis 10

Zur Bildung der Ordungszahlen wird ab dem Zahlwort 5 die Endung **-(f)ed** angehängt. Die Ordnungszahlen 1.-4. sind unregelmäßig, 3. und 4. haben darüber hinaus männliche und weibliche Formen, auch in Zusammensetzungen (z. B. 13., 14.). Oft ist nur der Einer eine Ordungszahl (außer bei 10., 12., 15., 18.). Der Rest der Zusammensetzung sieht aus wie die entsprechende Grundzahl.

Da eine vollständige Auflistung der Ordnungszahlen zu umfangreich ausfallen würde, werden hier (auch im Hinblick auf die Anwendbarkeit) nur die Ordnungszahlen von 1. bis 19. aufgeführt.

1.	**cyntaf**	könta
2.	**ail** (L!)	eil
3.	**trydydd** (m),	trödith
	trydedd (w)	trödeth
4.	**pedwerydd** (m),	pedwerith
	pedwaredd (w)	pedwareth

Ab „5." lässt sich die Grundzahl deutlich erkennen. Zur Grundlage wird bei „5." die Kurzform, bei „6." die Langform verwendet, **saith** (sieben) wird zu **seith**.

5.	**pumed** pimed	8.	**wythfed** u-ithwed
6.	**chweched** chweched	9.	**nawfed** nauwed
7.	**seithfed** säithwed	10.	**degfed** degwed

Alle Ordnungszahlen außer **cyntaf** *(erster) stehen vor dem Hauptwort.*

y tŷ cyntaf	ö tii könta	das erste Haus
das Haus erste		
yr ail dŷ	ör eil dii	das zweite Haus
das zweite(L!) (l!)Haus		
y trydydd tŷ	ö trödith tii	das dritte Haus
das dritte Haus		

Die Ordnungszahlen werden wie Eigenschaftswörter behandelt. Die weiblichen Ordnungszahlen werden also auch nach dem bestimmten Artikel leniert. Das Hauptwort, hier **croesfan** (Kreuzung), wird wie nach einem Eigenschaftswort leniert.

y groesfan gyntaf	die erste Kreuzung
ö greuswan gönta	
die(L!) (l!)Kreuzung(L!) (l!)erste	
yr ail groesfan	die zweite Kreuzung
ör eil greuswan	
die(L!) (l!)zweite(L!) (l!)Kreuzung	
y drydedd groesfan	die dritte Kreuzung
ö drideth greuswan	
die(L!) (l!)dritte(L!) (l!)Kreuzung	

traditionelle Ordnungszahlen von 11 bis 19

Nur die traditionellen Ordnungszahlen ab 11 haben eigene Ordnungszahlen, die jeweils erlernt werden müssen. Der (trennbare) Einer steht vor dem Hauptwort, der Rest wird nachgestellt. Will man die zusammengesetzten Ordnungszahlen verwenden, wird einfach die Grundzahl nachgestellt.

yr unfed bws ar ddeg (traditionell)
ör iinwed bus ar theeg
der „einste" Bus auf(L!) (l!)zehn
der elfte Bus

y bws un deg un (zusammengesetzt)
ö bus iin deg iin
der Bus eins zehn eins
der elfte Bus

Achtung! In der Zusammensetzung heißt „erster" nicht **cyntaf** könta, *sondern* **unfed** iinwed!

11.	**unfed ar ddeg** iinwed ar theeg
12.	**deuddegfed** däithegwed
13.	**trydydd** (m)/ **trydedd** (w) **ar ddeg** trödith/trödeth ar theeg
14.	**pedwerydd** (m)/ **pedwaredd** (w) **ar ddeg** pedwerith/pedwareth ar theeg
15.	**pömthegfed** pimthegwed
16.	**unfed ar bömtheg** iinwed ar bimtheg
17.	**ail ar bömtheg** eil ar bimtheg
18.	**deunawfed** däinauwed
19.	**pedwerydd** (m)/ **pedwaredd** (w) **ar bömtheg** pedwerith/pedwareth ar bimtheg

STRAPS
TERIES
HER

Kurz-Knigge

Zweifellos sind die Waliser Patrioten, sie lieben ihr Land, ihre Kultur und Sprache über alles. Kenntnisse des Walisischen werden Ihnen in Wales Welten öffnen. Das „Walisertum“ findet seinen Ausdruck u. a. im **Eisteddfod** (s. gleichnamiges Kapitel), in der Liebe der Waliser zum Theatralischen (Literatur, Theater, Kunst) und im **Rygbi** (Rugby) das besonders im Süden sehr beliebt ist.

Seit 1999 existiert neben der **Plaid Cymru** (Partei von Wales) die walisische Nationalversammlung (zuständig für inländische Angelegenheiten). Begegnen Sie dem walisischen **Nationalstolz** mit Respekt. Betonen Sie, dass Sie extra nach Wales gekommen sind, um dieses faszinierende Land kennen zu lernen. Wenn Sie gefragt werden, ob Sie auch in England waren, dann machen Sie klar, dass dies nur wegen der Durchreise nötig war.

Der **Musik** kommt in Wales eine besondere Bedeutung zu. Viele Kinder spielen ein Instrument oder singen im Chor. Das nationale Musikinstrument ist die Harfe, noch heute wird zu feierlichen Anlässen ein Harfenspieler bestellt. Schulen veranstalten regelmäßig Wettbewerbe, das Kulturfestival Eisteddfod (s. S. 110 ff) nimmt in Wales eine zentrale Rolle ein. Besonders wichtig sind die Chöre, insbesondere die Männerchöre (**Meibion XY** „die XY-(Sänger-)Knaben). Auch nehmen bei den Methodisten, der in Wales am weitesten verbreiteten Glaubensrichtung, die Gesänge eine viel höhere Stellung ein als z. B. in der katholischen Kirche, der in Wales nur Nachkommen eingewanderter Iren angehören.

In walisischsprachigen Gemeinden ist der **Kirchgang** (**mynd i'r capel** „zur Kirche gehen") immer noch wichtig. Der Besuch eines walisischsprachigen Gottesdienstes bietet neben der eigenen Atmosphäre die Gelegenheit, hinterher vor der Kirche Kontakte zu knüpfen und sein Walisisch auszuprobieren.

Wegen der Schließung des Tagebaus, der Krise in der Landwirtschaft und des modernen Stadtlebens ist die Bedeutung der Familiengemeinschaft etwas zurückgegangen.

Die **Familie** nimmt in Wales einen höheren Stellenwert ein als bei uns. Sie machen sich daher beliebt, wenn Sie sich nach einzelnen Familienmitgliedern erkundigen.

Die Waliser sind zwar nicht so **pünktlich** wie die Deutschen, aber ebenso pünktlich wie die Engländer und pünktlicher als die Spanier. Geschieht etwas also nicht auf die Sekunde genau, dann wird es bald soweit sein.

Zur **Begrüßung** gibt man sich nicht die Hand. Wenn man jemanden trifft, muss man auch seine eventuellen Begleiter vorstellen. Wird man selber jemandem vorgestellt, sollte man auch kurz mit ihm plaudern.

Isst man etwas, dann muss man dem anderen auch etwas **anbieten.** Lehnt dieser ab, dann haken Sie noch mal nach: **Ydych chi'n/Wyt ti'n siŵr?** ödich chin/u-it tin schuur (Sind Sie/Bist du sicher?) Die Höflichkeit erfordert es, erst nach dieser zweiten Frage etwas anzunehmen.

Namen & Anrede

Typische walisische Nachnamen sind ursprünglich englische Namen wie **Jones** und **Evans**. Diese genossen zur Zeit der Einführung von Familiennamen ein hohes Prestige. Elemente walisischer Nachnamen wie **ap** (von **mab** „Sohn") und **ferch** (von **merch** „Mädchen") sind unter nationalbewussten Walisischsprechern wieder in Mode.

Der Name des berühmten walisischen Dichters aus dem 16. Jh. lautet **Dafydd ap Gwilym** *(David, der Sohn von Gwilym).*

Bei der Wahl der Vornamen besteht ein Aufwärtstrend zu walisischen Namen, wie **Branwen** (w), **Peredur** (m) „Parzival". Weitere typische Vornamen sind **Alun** (m), **Elfed** (m), **Gareth** (m), **Glyn** (m), **Gwyn** (m), **Owein** (m), **Bethan** (w), **Elen** (w), **Gwyneth** (w), **Heledd** (w), **Megan** (w) und **Olwen** (w). Manche Namen sind aus dem Englischen übertragen, wie z. B. **Rhisiard** (m) (engl. Richard), **Siôn** (m) (engl. John), **Lowri** (w) (engl. Laura) und **Siân** (w) (engl. Jane).

Bei der Heirat behält die Frau ihren Nachnamen oder nimmt den Namen ihres Mannes an, den sie bei einer eventuellen Scheidung zugunsten ihres Mädchennamens wieder aufgibt. Der Mann ändert seinen Namen nie! Kinder übernehmen den Nachnamen ihrer Eltern: den ihres Vaters oder den ihrer Mutter.

Es kommt vor, dass Geschwister unterschiedliche Nachnamen haben, manche den der Mutter, andere den des Vaters.

In Wales spricht man sich häufiger mit dem Vornamen an als in Deutschland. Die formelle Anrede („Herr/Frau ...") erfolgt mit dem engl. „Mister, Misses" oder „Miss". Man sollte immer abwarten, bis man selber geduzt wird.

Begrüßen & Verabschieden

Zur Begrüßung kann rund um die Uhr „Wie geht's?" gewünscht werden:

Shw mae!/Shwt wyt ti? (S) schu mei / schut u-it ti *wie ist / wie bist du*	**Sut mae (pethau)?** (N) sit mei (pe~~th~~e) *wie ist (Dinge)*

Sehr beliebt ist die Aneinanderreihung von drei verschiedenen Begrüßungsformeln:

Helô, shw mae, shwt wyt ti? (S)

Auf die Frage **shwt wyt ti** kann man (aber nicht zwingend) antworten:

Da iawn, diolch. da jaun djolch *gut sehr danke*	Danke, sehr gut.
Gweddol. gwethol *mittelprächtig*	Geht so.
Go lew. go le-u *ganz(L!) (l!)Löwe*	Passabel.
Dim yn ddrwg. dim ön thruug *nichts G(L!) (l!)schlecht*	Nicht schlecht.
Yn uffernol. ön ifernol *G höllisch*	Beschissen.

Bore da! bore da *Morgen gut*	Guten Morgen!
Prynhawn da! prinhaun da *Nachmittag gut*	Guten Nachmittag!
Noswaith dda! noswei~~th~~ tha *Abend(L!) (l!)gut*	Guten Abend!
Nos da! nos da *Nacht gut*	Gute Nacht!

Obwohl **nos** *(Nacht) weiblich ist, wird das Eigenschaftswort ausnahmsweise nicht leniert.*

Nach **nos** (Nacht) werden die Wochentage leniert (weiche Mitlautänderung): **Dydd Llun** (Montag), aber **Nos Lun** (Montag Abend/ Nacht).

Eine Entsprechung für unser „Guten Tag" gibt es nicht. In allen Lebenslagen verabschiedet man sich mit **hwyl!** (Tschüss!) das noch verstärkt werden kann:

Hwyl!	**Hwyl fawr!**	**Pob hwyl!**
hu-il	hu-il waur	poob hu-il
Spaß	*Spaß(L!) (l!)groß*	*jeder Spaß*

Umgangssprachlich sagt man für „Tschüss" auch:

Ta-ra / Ta-ta
ta-raa / ta-taa

Das erste Gespräch

Sehr viele Waliser außerhalb der Städte an der Südküste sprechen Walisisch. Bisher sprechen noch nicht so viele Ausländer Walisisch. Umso größer ist die Freude, dass Sie sich die Mühe machen, durch den Gebrauch des Walisischen Ihre Anerkennung der walisischen Sprache und Kultur auszudrücken. So ergibt sich leicht ein kleines Gespräch.

O ble rydych chi'n/wyt ti'n dod?
o blee rödich chin/u-it tin dood
von(L!) (l!)wo seid ihr-G/bist du-G kommen
Woher kommen Sie/kommst du?

Dw i'n dod o'r Almaen/o Awstria/o'r Swistir.
du in dood or almein/o austri-a/or swistir
bin ich-G kommen von-das Deutschland/ von Österreich/von-die Schweiz
Ich komme aus Deutschland/Österreich/ der Schweiz.

Ble rydych chi'n/wyt ti'n byw?
blee rödich chin/u-it tin bi-u
(l!)wo seid ihr-G/bist du-G wohnen
Wo wohnen Sie/wohnst du?

Dw i'n byw yn Halle.
du in bi-u ön halle
bin ich-G wohnen in Halle
Ich wohne in Halle.

Ble rydych chi'n/wyt ti'n aros?
blee rödich chin/u-it tin aros
(l!)wo seid ihr-G/bist du-G bleiben
Wo logieren Sie/logierst du?

Yng ngwesty Swn Y Don.
öng ngwesti suun ö don
in(N!) (n!)Hotel Geräusch die Welle
Im Swn-Y-Don-Hotel.

Schon nach wenigen Sätzen werden Sie zu hören bekommen:

Rydych chi'n/rwyt ti'n siarad Cymraeg yn dda iawn!
rödich chin/ru-it tin scharad kömreig ön tha jaun
seid ihr-G/bist du-G sprechen Walisisch G(L!) (l!)gut sehr
Sie sprechen sehr gut Walisisch!

Dim ond tipyn bach.
dim ond tipin baach
nichts aber Stückchen klein
Nur ein bisschen.

Dysgwr ydw i.
dösgur ödu i
Lerner bin ich
Ich bin Anfänger.

Antworten Sie bescheiden auf so ein dickes Lob!

Rydych chi'n/wyt ti'n mwynhau bod yng Nghymru?
rödich chin/u-it tin mu-inhei bood öng hömri
seid ihr-G/bist du-G genießen sein in(N!) (n!)Wales
Gefällt es Ihnen/dir in Wales?

Ydw. Mae Cymru yn wych.
ödu. maa kömri ön wiich
bin. ist Wales G(L!) (l!)großartig
Ja. Wales ist großartig.

Es ist üblich, Leute einander vorzustellen. Wird man jemandem vorgestellt, so sollte man dieser Person auch Aufmerksamkeit und Interesse widmen.

Allaf i gyflwyno Mr./Mrs./Ms. ... i chi?
ahla i göwlu-ino mister/missis/miss ... i chi
(l!)könnte(L!) ich (l!)vorstellen Herr/Frau/ Fräulein ... zu ihr
Darf ich Ihnen Herrn/Frau ... vorstellen?

Dyma Mr./Mrs./Miss ...
döma mister/missis/miss
hier(-ist) Herr/Frau/Fräulein
Das ist Herr/Frau ....

Beachten Sie: **eich** *(euer) verursacht keine Lenition! Die unlenierte Variante steht nach* **eich** *(euer), die lenierte nach* **dy** *(dein), die nasalierte nach* **fy** *(mein).*

Beth yw eich/dy enw chi/di?
be~~th~~ i-u äich/dö enu chi/di
was ist euer/dein(L!) Name ihr/du
Wie heißen Sie/heißt du?

Statt **enw** (Name) können Sie auch hören:

enw bedydd	enu bedith	*Name Taufe*
cyfenw	köwenu	*Nachname*
gyfenw	köwenu	*(l!)Nachname*

Fy enw yw ...
fö enu i-u
mein(N!) Name ist
Ich heiße ...

Setzen Sie statt **enw** auch ein ...

enw bedydd	enu bedith	*Name Taufe*
nghyfenw	ng-höwenu	*(n!)Nachname*

Ydych chi'n/wyt ti'n briod?
ödich chin/u-it tin bri-od
seid ihr-G(L!)/bist du-G(L!) (l!)heiraten
Sind Sie/bist du verheiratet?

Ydw, ers dwy flynedd.
ödu, ers du-i wlöneth
bin, seit 2(w,L!) (l!)Jahren
Ja, seit zwei Jahren.

Oes plant gyda chi/ti?
eus plant göda chi/ti
es-gibt Kinder mit ihr/du
Haben Sie/hast du Kinder?

Bei einem ersten kleinen Gespräch könnte die Frage nach Kindern sicherlich auch gestellt werden.

Oes, mae dwy ferch gyda fi.
eus, maa du-i werch göda wi
es-gibt, ist zwei(w,L!) (l!)Mädchen mit ich
Ja, ich habe zwei Töchter.

Beth yw eich gwaith chi?
beth i-u äich gwei~~th~~ chi
was ist eure Arbeit ihr
Was sind Sie von Beruf?

Beth yw dy waith di?
beth i-u dö wei~~th~~ di
was ist deine(L!) (l!)Arbeit du
Was bist du von Beruf?

Dw i'n ...
du in
bin ich-G(L!)
Ich bin ...

Die Berufe stehen nur dann in der lenierten Form, wenn sie direkt nach **Dw i'n ...** benutzt werden.

Angestellte/r, Arbeiter, Handerwerker/in	**weithiwr** (m) wäithi-ur *(l!)Arbeit-Mann*	**weithwraig** (w) wäithwreig *(l!)Arbeit-Frau*
Arzt/Ärztin	**feddyg** (m) wethig *(l!)Arzt*	**feddyges** (w) wethöges *(l!)Ärztin*
Bauer/Bäuerin	**ffermwr** (m) fermur	**ffermwraig** (w) fermwreig
Beamte/Beamtin	**swyddog** (m/w) su-ithog	
Geschäftsmann/-frau	**ddyn busnes** (m) thiin bisnes *(l!)Mann-Geschäft*	**ddynes busnes** (w) thönes bisnes *(l!)Frau-Geschäft*
Hausmann/Hausfrau	**ŵr tŷ** (m) uur tii *(l!)Mann Haus*	**wraig tŷ** (w) wreig tii *(l!)Frau Haus*
Ingenieur(in)	**beiriannydd** (m) bäiri-anith *(l!)Ingenieur*	**beirianyddes** (w) bäiri-anöthes *(l!)Ingenieurin*
Krankenpfleger/-schwester	**nyrs** (m/w) nirs	
Lehrer/in, Professor/in	**athro** (m) athro	**atrawes** (w) athrau-es
Manager/in, Leiter/in, Geschäftsführer/in	**rheolwr** (m) hre-olur *Regel-Mann*	**rheolwraig** (w) hre-olwreig *Regel-Frau*
Sekretär/in	**ysgrifennydd** (m) ösgriwennith	**ysgrifenyddes** (w) ösgriwenöthes
Student/in	**fyfyriwr** (m) wöwöri-ur *(l!)Gedächnis-Mann*	**fyfyrwraig** (w) wöwörwreig *(l!)Gedächnis-Frau*
arbeitslos	**... ddiwaith** thiiweith *(l!)un-Arbeit*	

Bitten, Danken, Wünschen

Man kann folgendermaßen auf sich aufmerksam machen:

Esgusodwch fi!	**Arhoswch!**
esgisoduch wi	arhosuch
entschuldigt ich	*wartet-ihr*
Entschuldigen Sie!	Warten Sie!

Eine Bitte trägt man wie in den folgenden beiden Sätzen vor:

Liciwn i ..., os gwelwch chi'n dda.
liki-un ni ... oos gweluch chin tha
würde-mögen(L!) ich ... wenn seht ihr-G(L!) (l!)gut
Ich würde gerne ... bitte.

Gaf i ...?	**Siŵr iawn!**
ga i	schuur jaun
(l!)bekomme(L!) ich	*sicher sehr*
Darf ich ...?	Aber bitte!

Setzen Sie einfach das gewünschte Verb in der Grundform oder ein passendes Hauptwort in die Lückentexte, und Sie werden sofort eine positive Antwort erhalten.

Sie bedanken sich mit **diolch** (danke).

Diolch yn fawr!	**Diolch am eich cymorth chi!**
djolch ön waur	djolch am äich kömor~~th~~ chi
Dank G(L!) (l!)groß	*danke um eure Hilfe ihr*
Vielen Dank!	Danke für Ihre Hilfe!

Wird Ihnen etwas angeboten, und Sie wollen das Angebot ablehnen, dann sagen Sie:

Mit **dim** *können Sie auch konkrete Dinge ablehnen.*

Dim diolch.
dim djolch
nichts Dank
Nein danke.

Dim siwgwr.
dim schugur
nichts Zucker
Keinen Zucker.

Der Gebrauch von Wünschen entspricht etwa dem unseren. Sie kommen immer gut an.

St. David (walisisch: **Dewi Sant***) ist der walisische Nationalheilige und Schutzpatron, der im 6. Jahrhundert einer der Pioniere der Christianisierung war. Nach ihm sind über fünfzig Kirchen in Südwales benannt. Am 1. März feiert man den St. David's Tag. Ihm zu Ehren machten die Waliser Lauch und Narzissen zu ihren Nationalemblemen, die an diesem Tag von allen Walisern weltweit an der Kleidung getragen werden.*

Pob lwc!
poob luk
jedes Glück
Viel Glück!

Dymuniadau gorau!
dömini-ade gore
Wünsche beste
Alles Gute!

Llongyfarchiadau i chi!
hlongöwarchi-ade i chi
Glückwünsche zu ihr
Ich gratuliere Ihnen!

Mwynhewch Ddydd gŵyl Ddewi!
mu-inhe-uch thiith gwiil thewi
genießt-ihr(L!) (l!)Tag Feier(L!) (l!)David
Schönen St. David's Tag!

Penblwydd hapus!
penblu-ith hapis
Kopf-Jahr glücklich
Alles Gute zum Geburtstag!

Nadolig llawen a blwyddyn newydd dda!
nadolig hlau-en a blu-ithin newith tha
Weihnachten froh und Jahr(L!) neu (l!)gut
Frohe Weihnachten und ein gutes neues Jahr!

Floskeln & Redewendungen

Oftmals sind es gerade die idiomatischen Redewendungen, die einem Gespräch erst die richtige Würze geben und es in Gang bringen.

Dw i'n cytuno/anghytuno.
du in kötino/ang-hötino
bin ich-G zustimmen/nicht(N!)-(n!)zustimmen
Ich bin einverstanden/nicht einverstanden.

Dw i'n falch/drist/synnu.
du in walch/drist/sönni
bin ich-G(L!) (l!)froh/(l!)traurig/sich-wundern
Ich bin erfreut/traurig/erstaunt.

Peidiwch/Paid siarad dwli!
päidi-uch/peid scharad duli
vermeidet/vermeide sprechen Blödsinn
Reden Sie/Red keinen Unsinn!

Wrth gwrs!
ur~~th~~ gurs
bei Grund
Na klar!

Rydych chi wedi'i gamddeall.
rödich chi wedi-i gamthe-ahl
seid ihr V-sein missverstehen
Das haben Sie falsch verstanden.

Dyna drueni!
döna dri-eni
da-ist Jammer
Wie schade!

Dw i ddim yn credu.
du i thim ön kredi
bin ich nichts G glauben
Glaube ich nicht.

Does bosib!
deus bosib
nicht-es-gibt möglich
Nicht möglich!

Wel wel!
wel wel
gut gut
Na sowas!

Beth yw'r ots?
be~~th~~ i-ur ots
was ist-der Unterschied
Na und?

Wel dyna ni!
wel döna ni
gut da-ist wir
Na also!

Zeit & Datum

Die Uhrzeiten werden mit den traditionellen Zahlen gebildet.

Uhrzeit

Für die Uhrzeit wird das 12-Stunden-System benutzt, manchmal mit folgenden Ergänzungen:

yn y bore *in der Morgen*	ön ö bore	am Morgen
yn y prynhawn *in der Nachmittag*	ön ö prinhaun	am Nachmittag
yn y nos *in die Nacht*	ön ö noos	am Abend, in der Nacht

Die Frage nach der Uhrzeit kann auf zwei verschiedene Arten gestellt werden.

Faint o'r gloch yw hi?
weint or glooch i-u hi
wieviel von-die(L!) (l!)Glocke ist sie
Wie spät ist es?

Beth yw'r amser?
beth i-ur amser
was ist-die Zeit
Wie spät ist es?

Nach **yn**/**'n** wird das folgende Zahlwort leniert. Es wird die männliche Variante verwendet.

Mae hi'n bedwar o'r gloch.
maa hin bedwar or glooch
ist sie-G(L!) (l!)vier von-die(L!) (l!)Glocke
Es ist vier Uhr.

wedi	wedi	nach
i (L!)	i	vor (wörtl. „zu“)
chwarter	chwarter	Viertel
hanner awr	hanner aur	halbe Stunde
munud	minid	Minute

Mae hi'n chwarter i ddeuddeg.
maa hin chwarter i thäitheg
ist sie-G Viertel zu(L!) (l!)zwölf
Es ist Viertel vor zwölf.

Mae hi'n bum munud i bedwar.
maa hin bim minid i bedwar
ist sie-G(L!) (l!)fünf Minute zu(L!) (l!)vier
Es ist fünf (Minuten) vor vier.

Die halbe Stunde wird stets der vollen Stunde nachgestellt:

Mae hi'n hanner awr wedi tri.
maa hin hanner aur wedi trii
ist sie-G halb Stunde nach drei
Es ist halb vier.

Pryd fydd hi yma?
priid wiith hi öma
wann (l!)wird-sein sie hier
Wann ist sie hier?

Bydd hi yma am ddeg o'r gloch.
biith hi öma am theeg or glooch
wird-sein sie hier um(L!) (l!)zehn von-die(L!) (l!)Glocke
Sie wird um zehn Uhr hier sein.

Bei der Frage nach einem Zeitpunkt („um wie viel Uhr?“) verwendet man das Fragewort **pryd** *(wann?).*

allgemeine Zeitangaben

Die allgemeinen Zeitangaben stehen am Ende des Satzes.

heddiw	hethi-u	heute
yfory	öwori	morgen
trennydd	trennith	übermorgen
trannoeth	tranneu~~th~~	nächster Tag
ddoe	theu	gestern
echdoe	echdeu	vorgestern
dydd (m)	diith	Tag
diwrnod (m)	di-urnod	Tagesdauer
wythnos (w)	u-i~~th~~nos	Woche
pythefnos (w) *fünfzehn-Nacht*	pö~~th~~ewnos	14 Tage
mis(m)	miis	Monat
blwyddyn (w), **blynedd** (Mz)	blu-ithin, blöneth	Jahr, Jahre
yn y bore *in der Morgen*	ön ö bore	am Morgen
yn y prynhawn *in der Nachmittag*	ön ö prinhaun	am Nachmittag
yn y nos *in die Nacht*	ön ö noos	in der Nacht
yn ystod y dydd *in Bereich der Tag*	ön östod ö diith	während des Tages
eleni	eleni	dieses Jahr
llynedd	hlöneth	letztes Jahr
blwyddyn nesaf *Jahr nächst*	blu-ithin nesa	nächstes Jahr
nawr	naur	jetzt

ar unwaith	ar inweith	sofort
auf einmal		
wedyn	wedin	dann
weithiau	wäithi-e	manchmal
trwy'r amser	truir amser	immer
durch-die Zeit		
yn aml	ön aml	oft
G oft		
yn anaml	ön anaml	selten
G unoft		
byth - erioed	bith - eri-eud	nie (G) - nie (V)
cyn bo hir	kin bo hiir	bald
vor sei (es) lang		
yn hwyrach, **nes ymlaen**	ön hwirach, nes ömlein	später
G später, näher vorwärts		
yn gynharach	ön gönharach	früher
G(L!) (l!)früher		
bob dydd	boob diith	jeden Tag
(l!)jeder Tag		

Folgende Wörter stehen zusammen mit einem Hauptwort.

mewn ...	in	**... diwethaf**	letzte ...
... yn ôl	vor	**... nesaf**	nächste/-r/-s
am ... (L!)	für		

mewn pythefnos
me-un pöthewnos
in 15-Nacht
in 14 Tagen

tair blynedd yn ôl
täir blineth ön ool
drei Jahre G zurück
vor drei Jahren

wythnos ddiwethaf
u-ithnos thiwetha
Woche(L!) (l!)letzte
letzte Woche

mis nesaf
miis nesa
Monat nächster
nächsten Monat

am ddiwrnod
am thi-urnod
um(L!) (l!)Tagesdauer
für einen Tag

Wochen- & Feiertage

Die Wochentage werden immer groß geschrieben. Das Wort **dydd** (Tag) wird vorangestellt, außer es wird durch **nos** „Nacht" ersetzt.

Wird **nos** *(L!) (Nacht) statt* **dydd** *(Tag) vorangestellt, wird das Folgende leniert.*

Dydd Llun	diith hliin	Montag
Dydd Mawrth	diith maurth	Dienstag
Dydd Mercher	diith mercher	Mittwoch
Dydd Iau	diith jei	Donnerstag
Dydd Gwener	diith gwener	Freitag
Dydd Sadwrn	diith sadurn	Samstag
Dydd Sul	diith siil	Sonntag

In Wales gibt es an Silvester kein Feuerwerk, nur in der Guy-Fawkes-Nacht. St. David's Tag ist am 1. März.

Y Pasg (m)	ö paasg	Ostern
Nadolig (m)	nadolig	Weihnachten
Nos Galan (w)	nos galan	Silvester
Nacht(L!) (l!)Kalender		
Noson tân gwyllt (w)/	noson taan gwihlt/	Guy Fawkes Nacht (5.11.)
Noson Guto Ffowc	noson gito fo-uk	
Abend Feuer wild/Abend Guy Fawkes		
Dydd Gŵyl Ddewi	diith gwiil thewi	St. David's Tag

Monate

Mis Ionawr	mis jonaur	Januar
Mis Chwefror	mis chwewror	Februar
Mis Mawrth	mis maur~~th~~	März
Mis Ebrill	mis ebrihl	April
Mis Mai	mis mei	Mai
Mis Mehefin	mis mehewin	Juni
Mis Gorffennaf	mis gorfenna	Juli
Monat Ende-Sommer		
Mis Awst	mis aust	August
Mis Medi	mis medi	September
Monat ernten		
Mis Hydref	mis hödrew	Oktober
Monat Herbst		
Mis Tachwedd	mis tachweth	November
Mis Rhagfyr	mis hragfir	Dezember

Bei Monatsnamen wird stets **mis** *(Monat) vorangestellt.*

Jahreszeiten

gwanwyn (m)	gwanwin	Frühling
haf (m)	haaw	Sommer
hydref (m)	hödrew	Herbst
gaeaf (m)	gei-ja	Winter

Datum

Bei Datumsangaben setzen Sie die zusammengesetzte Grundzahl dem Monatsnamen nach, bei Briefen geben Sie sie in Ziffern an.

Gorffennaf un deg pump
gorfenna iin deg pimp
Juli eins zehn fünf
fünfzehnter Juli

Mawrth tri deg
maur~~th~~ tri deg
März drei zehn
dreißigster März

Zu Gast sein

Wie in England, ist auch in Wales das Teetrinken weit verbreitet, auch wird Kaffee immer beliebter. In Wales kann Tee zu jeder Tageszeit getrunken werden. Alkohol (Wein) bekommen Sie nur bei einer Einladung zum Essen. Dafür trinkt man lieber nach dem Essen, das meist abends stattfindet, ein Pint in der Kneipe. Wie in England, so wünscht man sich auch in Wales keinen „Guten Appetit", sondern fängt einfach an. Kartoffeln dürfen mit dem Messer zerschnitten werden. Es ist günstig, aber nicht zwingend, ein kleines Geschenk mitzubringen, z. B. Blumen oder Konfekt.

Croeso!
kreuso
willkommen
Willkommen!

Dewch mewn!
de-uch me-un
kommt innen
Kommen Sie herein!

Eisteddwch i lawr.
äistethuch i laur
setzt zu(L!) (l!)runter
Setzen Sie sich.

Diolch yn fawr am y gwahoddiad.
djolch ön waur am ö gwahothi-ad
Dank G(L!) (l!)groß um die Einladung
Vielen Dank für die Einladung.

Bei einer Einladung zum Tee lautet nun die nächste Frage:

Ydych chi eisiau paned?
ödich chi iische paned
seid ihr wollen tassevoll
Wollen Sie ein Tässchen trinken?

Ydw, diolch.
ödu, djolch
bin, Dank
Ja, danke.

Nac ydw, dim diolch.
nak ödu, dim djolch
nicht bin, nichts Dank
Nein, danke.

Da die Deutschen als Kaffeetrinker bekannt sind, wird die nächste Frage lauten:

Te neu goffi?
tee näi gofi
Tee oder(L!) (l!)Kaffee
Tee oder Kaffee?

Te, os gwelwch chi'n dda.
tee, oos gweluch chin tha
Tee, wenn seht ihr-G(L!) (l!)gut
Tee bitte.

Dw i wedi mwynhau y noson yn fawr iawn.
du i wedi mu-inhei ö noson ön waur jaun
bin ich V genießen der Abend G(L!) (l!)groß gut
Ich habe den Abend sehr genossen.

Mit diesem Satz können Sie sich verabschieden.

Familie

Die Familie nimmt in Wales immer noch einen hohen Stellenwert ein. Es ist daher nützlich, wenn Sie die wichtigsten Verwandtschaftsbezeichnungen kennen.

Es gibt keine Entsprechungen für deutsch „Mama“, „Oma“ und „Opa“.

rhieni hri-eni	Eltern
mam – tad mam – taad	Mutter – Vater
dadi dadi	Papa
mam-gu (S) mamgi *Mutter(L!)-(l!)geliebt*	Großmutter
nain (N) nein	Großmutter
tad-cu (S) tadki *Vater-geliebt*	Großvater
taid (N) teid	Großvater
plentyn (Mz **plant**) plentin (plant)	Kind
merch (Mz **merched**) merch (merched)	Tochter
mab (Mz **meibion**) maab (mäibi-on)	Sohn
wyres (Mz **wyresau**) wires (wörese)	Enkelin
ŵyr (Mz **wyrion**) u-ir (wiri-on)	Enkel
modryb (Mz **modrybedd**) modrib (modröbeth)	Tante
ewythr (Mz **ewythrod**) ewithr (ewöthrod)	Onkel
nith (Mz **nithoedd**) nith (nitheuth)	Nichte
nai (Mz **neiaint**) nei (näi-eint)	Neffe

Das Wetter

In Wales viel über das Wetter gesprochen, auch wenn der Waliser sagt:

Am y tywydd gorau tewi.
am ö töwith gore tewi
über das Wetter (am-)besten schweigen
Über das Wetter schweigt man am besten.

Sut mae'r tywydd heddiw?
sit maar töwith hethi-u
wie ist das Wetter heute
Wie ist heute das Wetter?

Mae hi'n heulog.
maa hin häilog
ist sie G sonnig
Es ist sonnig.

Der Gebrauch von **hi** (sie) für das Wetter erklärt sich dadurch, dass Naturereignisse im Walisischen auf eine weibliche Gottheit zurückgeführt werden. Nach **mae hi'n ...** können Sie dementsprechend einsetzen:

Oft wird ein Gespräch über das Wetter zum Anlass genommen, dem Walisischlernenden Gelegenheit zu geben, ein paar Sätze zu sagen und dessen Walisischkenntnisse zu testen.

braf	braaf	schön
gymylog	gömölog	bewölkt
(l!)wolkig		
ardderchog	artherchog	ausgezeichnet
bwrw glaw	buru glau	regnet
ddiflas	thiwlas	mies
(l!)langweilig		
bwrw cesair	buru keseir	hagelt
ofnadwy	ownadwi	schrecklich
bwrw eira	buru äira	schneit

Das Eisteddfod

Auch heute noch spielt die traditionelle Gesangs- und Dichtkunst überall eine große Rolle. Sie werden gerne zum **Eisteddfod** (wörtl. „Zusammensitzen"), dem einwöchigen Kulturfestival gehen, auf dem Barden, Sänger und Musiker miteinander wetteifern. Das Besondere an dem die walisische Sprache vertretenden **Eisteddfod Genedlaethol** (Nationales Eisteddfod) ist, dass dort ausschließlich Walisisch gesprochen wird (hier ca. 6.000 Wettkämpfer und über 150.000 Besucher).

Das nationale **Eisteddfod** *findet jedes Jahr Anfang August an einem anderen Ort statt. Darüber hinaus gibt es noch viele weitere* **Eisteddfode.**

Das Eisteddfod hat seine Wurzeln in alten Bardenturnieren, wie sie bereits im 10. Jahrhundert n. Chr. belegt sind.

Ble mae'r Eisteddfod eleni?
blee maar äistethwod eleni
wo ist das Eisteddfod dieses-Jahr
Wo findet dieses Jahr das Eisteddfod statt?

Yn Aberystwyth.
ön aberistu-ith
in Aberystwyth
In Aberystwyth.

Pwy sy'n perfformio/canu heddiw?
pu-i sin performi-o/kani hethi-u
wer der-ist G auftreten/singen(spielen) heute
Wer ist heute dran?/Wen gibt's heute?

y telynorion	ö telinori-on	die Harfenspieler
yr utganwyr	ör itganwir	die Trompeter
y beirdd	ö bäirth	die Dichter
y crythorion	ö kröthori-on	die Geiger
y corau	ö kore	die Chöre

Auf dem **Eisteddfod** müssen Sie unbedingt die Nationalhymne kennen. Sie ist Ausdruck des walisischen Nationalgefühls, wird u. a. auch vor Rock- und Popkonzerten gesungen und stellt einen wichtigen Faktor zur Integration in die walisische Gesellschaft dar.

Mae hen wlad fy nhadau yn annwyl i mi
ma heen wlaad fö hnaade ön annwil i mi
ist alt(L!) (l!)Land mein(N!) (n!)Väter G lieb zu mir
Das alte Land meiner Väter ist mir teuer

Gwlad beirdd a chantorion enwogion o fri
gulad bäirth a chantori-on enwogi-on o wrii
Land Barden und(H!) (h!)Sänger berühmte von(L!) (l!)Ruhm
Das Land ruhmesberühmter Barden und Sänger

Ei gwrol ryfelwyr, gwladgarwyr tra mad
i gurol röwelwir, guladgarwir tra maad
seine tapfere(L!) (l!)Kriegsmänner, Landeslieber ziemlich glücklich
Seine tapferen Soldaten, ziemlich glückliche Patrioten

Tros ryddid collasant eu gwaed.
tros röthid kohlasant äi gwa-ed
durch(L!) (l!)Freiheit verloren(sie) ihr Blut
Für die Freiheit verloren sie ihr Blut.

Gwlad, Gwlad! Pleidiol wyf i'm gwlad.
gulaad, gulaad, pläidi-ol u-iw im gulaad
Land Land ergeben bin ich-mein Land
Land, Land! Ergeben bin ich meinem Land.

Tra môr yn fur i'r bur hoff bau
tra moor ön wiir ir biir hof bei
solange Meer G(L!) (l!)Mauer zu-das(L!) (l!)reine liebste (l!)Vaterland
Solange das Meer eine Mauer (ist) für das reine liebste Vaterland

O bydded yr hen iaith barhau.
oo böthed ör heen jeith barhei
oh werde(L!) die alte Sprache (l!)anhalten
Oh, die alte Sprache möge erhalten bleiben.

Flirt & Liebe

Die Verhaltensweisen entsprechen etwa den unseren. Übertreiben Sie es also mit dem Flirten nicht und seien Sie nicht zu aufdringlich!

Ydych chi'n/wyt ti'n teithio ar ben eich/dy hun?
ödich chin/u-it tin täithi-o ar ben äich/dö hiin
seid ihr-G/bist du-G reisen auf(L!) (l!)Kopf dein/euer selber
Sind Sie/bist du allein unterwegs?

Dw i ar fy ngwyliau yma.
du i ar föng wili-e öma
bin ich auf mein(N!) (n!)Ferien hier
Ich mache hier Urlaub.

Ydych chi/wyt ti yma am y tro cyntaf?
ödich chi/u-it ti öma am ö troo könta
seid ihr/bist du hier um das Mal erste
Sind Sie/bist du zum ersten Mal hier?

Allaf i eich gwahodd chi/dy wahodd di?
ahla i äich gwahoth chi/dö wahoth di
(l!)kann ich euer einladen ihr/ dein(L!) (l!)einladen du
Darf ich Sie/dich einladen?

Allaf i eistedd wrth eich/dy ochr chi/di?
ahla i äisteth urth äich/dö ochr chi/di
(l!)kann ich sitzen bei eure/deine Seite ihr/du
Darf ich mich zu Ihnen/dir setzen?

Croeso!
kreuso
willkommen
Aber gerne!

Syniad da!
söni-ad da
Idee gut
Prima Idee!

Chi'n/ti'n edrych yn dda iawn.
chin/tin edrich ön tha jaun
ihr-G/du-G sehen G(L!) (l!)gut sehr
Sie sehen/du siehst sehr gut aus.

Dw i wedi syrthio mewn cariad.
du i wedi sör~~th~~i-o me-un kari-ad
bin ich V fallen in Liebe
Ich habe mich verliebt.

AID *ist Abkürzung für* **Afiechyd Imiwnedd Diffygiol** awjechid imjuneth difigi-ol *(Krankheit Immunität defekt).*

cariad (m)	kari-ad	Liebe, Liebling
rhyw (w)	hri-u	Sex
diogelu	di-ogeli	verhüten
condom (m)	kondom	Kondom
y bilsen (w)	ö bilsen	die Pille
cnuchio	knichi-o	miteinander schlafen (bumsen)
AID (m)	aa ii dii	AIDS

Rho lonydd i fi.
hro lonith i wi
gib(L!) (l!)Ruhe zu(L!) (l!)ich
Ich möchte nicht.

Dw i ddim eisiau.
du i thim iische
bin ich (l!)nichts wollen
Lass mich in Ruhe.

Einer der Lieblingswitze der Waliser ist, dass der Anfänger oft **rhyw** hri-u *(Sex) und* **rhe-w** hre-u *„Eis (Frost)" verwechselt, da sie so ähnlich ausgesprochen werden.*

Ffindais i lawer o rew/ryw ar y stryd.
findeis i lau-er o re-u/ri-u ar ö striid
fand(L!) ich (l!)viel von(L!) (l!)Eis/(l!)Sex auf die Straße
Ich hatte viel Glatteis/Sex auf der Straße.

Unterwegs

Die walisische Sprache ist auf dem Land besonders stark vertreten. Bei einem Ausflug lohnt es sich, sein Walisisch auszuprobieren.

... im Dorf und in der Stadt

pentref (m) pentre	Dorf, Ortschaft
tref (w) tree	Stadt
dinas (w) dinas	Großstadt
pobl lleol (Mz) pobl hle-ol *Leute lokal*	(die) Einheimischen
pentrefwr (m), **pentrefwraig** (w) pentrewur, pentrewreig *Dorf-Mann, Dorf-Frau*	Dorfbewohner/in
dinesydd dinesith	Stadtbewohner/in
ardal Gymraeg (w) ardal gömreig *Region (L!) (l!)walisisch*	walisischsprachige Region

Esgusodwch fi, ble mae'r ...?
esgisoduch wi blee maar
entschuldigt(L!) (l!)ich (l!)wo ist/sind der/die(L!)/das/die(Mz)
Entschuldigung, wo ist/sind der/die/das ...?

Zur Erinnerung: Wollen Sie ein weibliches Hauptwort in die Lückensätze einsetzen, muss dieses nach dem Artikel leniert werden!

Dw i'n chwilio am y(r)...
du in chwili-o am ö(r)
bin ich-G suchen um der/die(L!)/das/die(Mz)
Ich suche der/die/das/die ...

P'un yw'r ffordd orau i'r ...?
piin i-ur forth ore ir
welch-ein ist-der Weg(L!) (l!)beste zu der/die(L!)/das/die(Mz)
Welches ist der beste Weg zum/zur/zu den ...?

Die weiblichen Wörter sind für die Lückentexte bereits in der lenierten Form angegeben (soweit Lenition möglich ist):

traeth (m)	trei~~th~~	Strand
amgueddfa (w)	amgethwa	Museum
orsaf (w) *(l!)Bahnhof*	orsaf	Bahnhof
eglwys (w)	eglu-is	die Kirche
pwll nofio (m)	puhl nowi-o	Schwimmbad
swperfarchnad (w)	superwarchnad	Supermarkt
siop (w)	schop	Laden
fynedfa (w) *(l!)Eingang*	wönedwa	Eingang
allanfa (w)	ahlanwa	Ausgang
dafarn (w) *(l!)Kneipe*	dawarn	Kneipe
banc (m)	bank	Bank
sinema (w)	sinema	Kino
brifysgol (w) *(l!)Haupt-Schule*	briwösgol	Universität

Ble mae'r castell?
blee maar kastehl
wo ist-die Burg
Wo ist die Burg?

Ydy hi'n bell?
ödi hin behl
ist sie-G(L!) (l!)weit
Ist es weit?

Die Richtungsangaben finden Sie in der Umschlagklappe.

Ar lan y môr, ar bwys y farchnad.
ar laan ö moor, ar bu-is ö warchnad
auf(L!) (l!)Ufer das Meer, auf(L!) (l!)Gewicht der(L!) (l!)Markt
Am Meer, nahe des Marktes.

Zu unpersönlichen Ausdrücken wird **hi** (sie) verwendet. Dies soll auf eine Assoziation mit einer keltischen Göttin zurückgehen (vgl. auch das Kapitel „Das Wetter").

Dim ond deng munud.
dim ond deng minid
nichts aber zehn Minute
Nur zehn Minuten.

Dim ond tair milltir.
dim ond teir mihltir
nichts aber drei(w) Meile
Nur drei Meilen.

Ydy hi'n bosib cerdded?
ödi hin bosib kerthed
ist sie-G(L!) (l!)möglich laufen
Kann man zu Fuß gehen?

Statt **cerdded** (laufen) können Sie in diesen Satz auch einsetzen:

ymweld â	ömweld a	besichtigen
mynd mewn	mind me-un	hineingehen
cael map o	ka-el map o	Karte bekommen
mynd allan	mind ahlan	hinausgehen

Beth yw enw'r lle 'ma?
be~~th~~ i-u enur hlee ma
was ist Name-der Ort hier
Wie heißt dieser Ort?

Pryd mae'r ... ar agor/ar gau?
priid maar ... ar agor/ar gei
wann ist-der/die(L!)/das ... auf(L!) offen/auf (l!)schließen
Wann ist der/die/das ... offen/geschlossen?

Oes gostyngiad?
eus gostöngi-ad
es-gibt Ermäßigung
Gibt es Ermäßigung?

Pa adeilad yw hwnnw?
pa adäilad i-u hunnnu
welches Gebäude ist dies
Was für ein Gebäude ist das?

Pryd adeiladwyd e?
priid adäiladwid e
wann gebaut-wurde er
Wann wurde es gebaut?

Pryd mae'r arweiniad nesaf?
priid maar arwäini-ad nesa
wann ist-die Führung nächste
Wann ist die nächste Führung?

... auf dem Land

Die Aufforstung monotoner Fichtenkulturen in den Nationalparks, z. B. in Snowdonia, wird von der Bevölkerung nicht immer geschätzt. Diese verderben den Boden für die nachfolgende Benutzung und in den dichten Fichtenwäldern wächst nichts anderes; es gibt kaum Vögel und andere Tiere. Der Waliser zieht die Aufforstung mit der ursprünglichen Vegetation, also mit Eichen und Rowan, und den offenen Blick vor.

In Wales befinden sich viele alte Burgen und Schlösser. Die Waliser sind Nachkommen der Kelten, die sich schon gegen Römer, Angelsachsen und Normannen zur Wehr setzten.

Die reichsten römischen Funde und die römische Stadt Caerleon befinden sich im Süden. Im Norden kann man viele edwardianische Anlagen (13. Jh.) besichtigen.

golygfa (w)	golögwa	Landschaft, Aussicht
ynys (w)	önis	Insel
mynydd (m)	mönith	Berg
bryn (m)	brin	Hügel
copa mynydd (m) *Spitze Berg*	kopa mönith	Gipfel
cwm (m)	kum	Tal
ffordd (w)	forth	Weg, Straße
stryd (w)	striid	Straße
môr (m)	moor	Meer
llyn (m)	hlin	See
afon (w)	awon	Fluss
nant (w)	nant	Bach
traeth (m)	treith	Strand
glan (w)	glan	Ufer
porthladd (m)	porthlath	Hafen
fferm (w)	ferm	Bauernhof
cae (m)	ka-e	Feld
ffens (w)	fens	Zaun

... mit dem Bus

Die Legende spricht von einem Kampf zwischen einem roten und einem weißen Drachen. Der weiße Drache steht für die Engländer, der rote für die Waliser. Der rote siegt schließlich.

Mit dem Bus kommt man überall hin, auch wenn man etwas länger unterwegs ist. Es lohnt sich, nach Vergünstigungen zu fragen, so gilt etwa das **tocyn coch** tokin kooch (rotes Ticket) für einen Tag in ganz Nordwales und kostet nicht viel. Die Farbe Rot ist eine Anspielung auf den walisischen Drachen, das Nationalsymbol von Wales. Er schmückt die Nationalflagge auf einem grünen und weißen Feld.

bws (m) bus	Bus
safle bws (m) safle bus	Bushaltestelle
gorsaf fysiau (w) gorsaf wösch-e *Bahnhof(L!) (l!)Busse*	Busbahnhof
tocyn (m) tokin	Fahrkarte
tocyn unffordd (m) tokin iinforth *Fahrkarte ein-Weg*	Einzelfahrkarte
tocyn dwyffordd (m) tokin du-iforth *Fahrkarte zwei(w)-Weg*	Hin- und Rückfahrkarte
tocyn undydd tokin iindiith *Fahrkarte ein-Tag*	Tageskarte
amserlen (w) amserlen	Fahrplan

Ydych chi'n mynd i ...?
ödich chin mind i
seid ihr-G gehen zu(L!)
Fahren Sie nach ...?

Faint yw'r pris?
weint i-ur priis
wieviel ist-der Preis
Wie viel kostet es?

Besonders in Nordwales kann man erleben, dass der ganze Bus Walisisch spricht.

Pa fws sy'n mynd i ...?
pa wus sin mind i
welcher(L!) (l!)Bus der-ist-G gehen zu
Welcher Bus fährt nach ...?

Allaf i fynd allan?
ahla i wind ahlan
(l!)kann(L!) ich (l!)gehen heraus
Darf ich aussteigen?

... mit dem Fahrrad

Die Nebenstraßen sind in Wales oft sehr schmal und an den Seiten mit Hecken bewachsen, so dass die Kurven sehr uneinsichtig sein können. Da die einheimischen Autofahrer bisweilen recht schnell sind, ist Rad fahren auf manchen Strecken sehr gefährlich. Es wird daher dringend empfohlen, sich beim **Visit Wales Center** (www.visitwales.com) über geeignete Routen zu informieren.

beic (m)	bäik	Fahrrad
pwmp (m)	pump	Luftpumpe
teiar fflat (m) *Reifen platt*	täi-ar flat	Platte(r)
lôn feiciau (w) *Weg(L!) (l!)Fahrräder*	loon fäiki-e	Fahrradweg

Es gibt zunehmend ausgeschilderte Fahrradrouten, die parallel zu den Hauptstraßen laufen.

Dw i'n mynd ar gefn beic o gwmpas Cymru.
du in mind ar gewn bäik o gumpas kömri
bin ich-G gehen auf(L!) (l!)Rücken Fahrrad von(L!) (l!)Umfang Wales
Ich radele in Wales herum.

Mae fy meic wedi torri.
maa wö mäik wedi torri
ist mein(N!) (n!)Fahrrad V zerbrechen
Mein Fahrrad ist kaputt.

... mit dem Auto/Motorrad

Das Auto oder Motorrad ist zweifellos das bequemste Fortbewegungsmittel, um Wales zu erkunden. Die Straßen sind gut, die Verkehrsschilder grundsätzlich zweisprachig und dem internationalen Standard angepasst. Werkstätten und Tankstellen sind etwas dünner gesät als in Deutschland, so dass man immer rechtzeitig tanken sollte.

Dw i eisiau llenwi â phetrol, os gwelwch chi'n dda.
du i iische hlenwi a fetrol oos gweluch chin tha
bin ich wollen füllen mit(H!) (h!)Benzin wenn seht ihr-G(L!) (l!)gut
Ich möchte tanken, bitte.

Mae rhywbeth o'i le ar y car.
maa hri-ube~~th~~ o-i lee ar ö kaar
ist etwas von seinem(L!) (l!)Platz an das Auto
Am Auto ist etwas kaputt.

gorsaf betrol (w) gorsaf betrol *Bahnhof(L!) (l!)Benzin*	Tankstelle
pwmp petrol (m) pump petrol *Pumpe Benzin*	Zapfsäule
olew (m) ole-u	Öl
teiar sbâr (m) täi-ar sbaar *Reifen übrig*	Ersatzreifen
plwg sbarcio (m) plug sbarki-o *Stöpsel zünden*	Zündkerze
trwydded yrru (w) tru-ithed örri *Erlaubnis(L!) (l!)fahren*	Führerschein

... mit dem Taxi

I ble?
i blee
zu(L!) (l!)wo
Wohin?

I'r orsaf.
ir orsaf
zu der(L!) (l!)Bahnhof
Zum Bahnhof.

Stopiwch!
stopi-uch
anhalten
Halten Sie an!

Faint sy arna i? oder: **Faint mae'n costio?**
weint si arna i — weint maan kostio
wieviel welches-ist auf mir — *wieviel ist-G kosten*
Wie viel schulde ich Ihnen?

Man hält ein Taxi an, indem man **Tacsi!** taksi *(Taxi!) ruft und dabei die Hand mit der Handinnenfläche in Richtung des Fahrzeugs hebt, um es anzuhalten.*

... mit dem Zug

Das Streckennetz der walisischen Eisenbahn ist nicht so gut ausgebaut wie die Waliser es gerne hätten. Alle Züge fahren nach London, aber keiner von Nord- nach Südwales. Die Schmalspurbahnen zählen zu den Attraktionen von Wales. Eine Fahrt ist ein besonderes Erlebnis.

gorsaf (w) gorsaf	Bahnhof
platfform (m) platform	Bahnsteig
trên (m) treen	Zug
sedd (w) seeth	Platz
swyddfa docynnau (w) su-ithwa dokönne *Büro(L!) (l!)Fahrkarten*	Fahrkartenschalter
casglwr tocynnau kasglur tokönne *Einsammel-Mann Fahrkarten*	Schaffner(in)
tocyn sedd gadw (m) tokin seeth gadu *Fahrkarte Sitz(L!) (l!)behalten*	Platzkarte
storfa fagiau (w) storwa wagi-e *Ablage(L!) (l!)Taschen*	Gepäckaufbewahrung
locer (m/w) loker	Schließfach

Tocyn i Gaerdydd, os gwelwch chi'n dda!
tokin i ga-erdiith oos gweluch chin tha
Fahrkarte zu(L!) (l!)Cardiff wenn seht ihr-G(L!) (l!)gut
Eine Fahrkarte nach Cardiff, bitte!

Pryd mae'r trên yn cyrraedd?
prid maar treen ön körreith
wann ist der Zug G ankommen
Wann kommt der Zug an?

Oes rhaid newid?
eus hreid newid
es-gibt Notwendigkeit umsteigen
Muss ich umsteigen?

Mae'r trên yn hwyr/ar amser.
maar treen ön hwiir/ar amser
ist der Zug G spät/auf Zeit
Der Zug hat Verspätung/ist pünktlich.

Übernachten

In Wales bieten sich Übernachtungsmöglichkeiten verschiedener Preisklassen.

maes pebyll (m) meis pebihl	Campingplatz
hostel ieuenctid (w) hostel jenktid	Jugendherberge
gwely a brecwast (m) gweli a brekwast	Frühstückspension (B&B)
gwesty (m) gwesti	Hotel, Pension

Oes maes pebyll ar gael yma?
eus meis pebihl ar ga-el öma
es-gibt Feld Zelt auf(L!) (l!)bekommen hier
Gibt es hier einen Campingplatz?

Wenn Sie Ihr Walisisch ausprobieren wollen, dann eignet sich eine Frühstückspension am besten dafür.

Erkundigen Sie sich vorher, ob die Betreiber des B&B wirklich Walisisch sprechen.

Ydyn nhw'n siarad Cymraeg yna?
ödin hun scharad kömreig öna
sind sie-G sprechen Walisisch dort
Sprechen sie dort Walisisch?

Oes stafell gyda chi?
eus stawehl göda chi
es-gibt Zimmer mit ihr
Haben Sie ein Zimmer frei?

stafell ymolchi (w) stawehl ömolchi *Zimmer sich-waschen*	Badezimmer
lolfa (w) lolwa	Wohnzimmer
stafell gyffredin (w) stawehl göfredin *Zimmer(L!) (l!)gemeinsam*	Aufenthaltsraum
stafell fwyta (w) stawehl wu-ita *Zimmer(L!) (l!)essen*	Esszimmer
stafell sengl (w) stawehl sengl	Einzelzimmer
stafell ddwbl (w) stawehl thubl *Zimmer(L!) (l!)doppelt*	Doppelzimmer
swît (w) swiit	Suite
cegin (w) kegin	Küche
cawod (w) kawod	Dusche

Mit **oes ... gyda chi** *können Sie auch fragen nach ...*

Faint mae'n costio?
weint maan kosti-o
wieviel ist-G kosten
Wie viel kostet es?

Dw i eisiau aros yma.
du i iische aros öma
bin ich wollen bleiben hier
Ich will hier bleiben.

am noson *um Abend*	am noson	für eine Nacht
am ddwy noson *um(L!) (l!)zwei(w) Abend*	am thu-i noson	für zwei Nächte
am wythnos *um Woche*	am u-i~~th~~nos	für eine Woche

Essen & Trinken

In Wales gibt es in den Städten zahlreiche Restaurants. Sie bekommen aber auch in den Kneipen kleine schmackhafte Gerichte, die meist verhältnismäßig preiswert sind. Tagsüber können Sie auch eine Kleinigkeit im Café essen. Viele Supermärkte haben auch an Sonn- und Feiertagen geöffnet.

bwyty (m)	bu-iti	Restaurant
caffi (m)	kafi	Café
bwydlen (w)	bu-idlen	Speisekarte
bwyd (m)	bu-id	Essen
pryd o fwyd (m) *Zeit von(L!) (l!)Essen*	prid o wu-id	Speise
prydau poeth ac oer (Mz)	pröde peuth ak eur	kalte u. warme Speisen
diod (w)	di-od	Getränk

Mae eisiau bwyd arna i.
maa iische bu-id arna i
ist wollen Essen auf ich
Ich habe Hunger.

Wyt ti/ydych chi eisiau bwyta allan?
uit ti/ödich chi iische bu-ita ahlan
bist du/seid ihr wollen essen draußen
Willst du/wollen Sie essen gehen?

Frühstück

Das traditionelle Frühstück bekommen Sie in der Regel im Hotel, im B&B und in einigen Cafés. Es besteht aus Würstchen, Spiegeleiern/Rührei, gebratenem Schinkenspeck und Bohnen, manchmal auch mit ein paar Bratkartoffeln. Dazu gibt es Toast, Butter, (bittere) Orangenmarmelade und Tee oder Kaffee. Dieses Frühstück ist allerdings die Ausnahme. Normalerweise werden zum Frühstück Toast oder Hörnchen, Butter und/oder Marmelade und Tee eingenommen. Dieses „kontinentale" Frühstück können Sie im Hotel oder B&B unter der Bezeichnung **brecwast cyfandirol** brekwast köwandirol *(„Frühstück festländisch")* bestellen.

Bei einem „Großen" Frühstück werden Sie vorher gefragt:

Beth sy orau gyda chi, te neu goffi?
be~~th~~ si ore göda chi, tee näi gofi
was welches-ist best mit ihr Tee oder(L!) (l!)Kaffee
Was ist Ihnen lieber, Tee oder Kaffee?

Ydych chi eisiau selsig?
ödich chi iische selsig
seid ihr wollen Würstchen(Mz)
Wollen Sie Würstchen haben?

Mit dieser Formulierung können Sie auch gefragt werden nach ...

Für die Waliser ist das unserem Toastbrot entsprechende Brot das normale. Wenn Sie ein etwas festeres Brot wollen, dann bestellen Sie Bauernbrot. Es gibt davon mehrere Sorten, die alle sehr gut schmecken.

wy (m) wii	Ei
wy wedi'i ffrio (m) wii wedi-i fri-o *Ei V-ihr braten*	Spiegelei
wy wedi'i sgramblo (m) wii wedi-i sgramblo *Ei V sein rühren*	Rührei
bacwn (m) bakun	Schinkenspeck
ffa (w) faa	Bohnen
tatws wedi eu ffrio (w) tatus wedi äi fri-o *Kartoffeln V ihr braten*	Bratkartoffeln
bara (m) bara *Brot*	(Toast-)Brot
tost (m) toost	Toast (getoastet)
bara cartref (m) bara kartre *Brot zuhause*	Bauernbrot
jam (m) dscham	Marmelade
mêl (m) meel	Honig
sudd oren (m) siith oren *Saft Orange*	Orangensaft
dŵr (m) duur	Wasser

Mittagessen

Zum Mittagessen (**cinio** kini-o) gibt es in Wales nur einen kleinen Imbiss, der am besten in einem kleinen Café eingenommen wird und sehr lecker sein kann. Sie können im Wesentlichen unter folgenden kleinen Dingen wählen:

bara menyn (m) bara menin *Brot Butter*	Brot und Butter
brechdan (w) brechdan	Sandwich
gyda chaws (m) göda chaus *mit(H!) (h!)Käse*	mit Käse
gyda ham (m/w) göda ham	mit Schinken
gyda tiwna (m) göda tjuna	mit Tunfisch
salad (m) salad	Salat
cawl (m) kaul	Suppe

Zu diesem „Mittagsimbiss“ gehören natürlich auch ...

halen (m)	halen	Salz
pupur (m)	pipir	Pfeffer
finegr (m)	winegr	Essig

Teezeit

Zum Tee, der in Wales zu keiner bestimmten Stunde stattfindet, werden im Wesentlichen Folgendes gereicht:

bara brith (m) bara brith *Brot gefleckt*	Früchtebrot
bisgedi (Mz) bisgedi	Kekse
sgon (w), **sgonau** (Mz) sgon, sgone	Scone
teisen (w) täisen	Kuchen

„Scone" ist ein flaches rundes Teegebäck (wie ein kleiner Kuchen).

Abendessen

Das Abendessen (**swper** super oder auch **cinio** kini-o) ist die Hauptmahlzeit und wird warm eingenommen. Es gibt mehrere Gänge.

Ydych chi eisiau mynd allan am bryd o fwyd?
ödich chi iische mind ahlan am briid o wu-id
seid ihr wollen gehen hinaus um(L!) (l!)Speise von(L!) (l!)Essen
Haben Sie Lust, essen zu gehen?

Allaf i gael y fwydlen, os gwelwch chi'n dda?
ahla i ga-el ö wu-idlen, oos gweluch chin tha
(l!)kann(L!) ich (l!)bekommen die(L!) (l!)Speisekarte, wenn seht ihr-G(L!) (l!)gut
Könnte ich die Speisekarte haben, bitte?

Beth ydyn ni'n mynd i gael?
beth ödin nin mind i ga-el
was sind wir-G gehen zu(L!) (l!)bekommen
Was nehmen wir?

Nun haben Sie die Gelegenheit, Ihr Walisisch in einem Restaurant auszuprobieren!

Dw i'n cymryd ... fel cwrs cyntaf/
prif gwrs/melysfwyd.
du in kömrid ... wel kurs könta/priif gurs/meliswu-id
bin ich-G nehmen ... als Gang erster/ Haupt-(L!) (l!)Gang/süßes(L!)-(l!)Essen
Ich nehme ... als Vorspeise/Hauptgericht/ Nachspeise.

cig (m) kiig	Fleisch
cig moch (m) kiig mooch *Fleisch Schweine*	Schweinefleisch
cig oen (m) kiig eun *Fleisch Lamm*	Lammfleisch
cig eidion (m) kiig äidi-on *Fleisch Ochse*	Rindfleisch
cyrri (m) köri	Curry (mit Curry gewürztes Ragout)
cyw iâr (m) ki-u jaar *Küken Huhn*	Hähnchen
pysgod (Mz) pösgod	Fisch
llysiau (Mz) hlöschi-e	Gemüse

pasta (m) pasta	Nudeln
reis (m) räis	Reis
sglodion (Mz) sglodi-on	Pommes frites
saws (m) saus	Soße

Allaf i dalu, os gwelwch chi'n dda?
ahla i dali, oos gweluch chin tha
(l!)kann(L!) ich (l!)zahlen, wenn seht ihr-G(L!) (l!)gut
Darf ich zahlen, bitte?

Mae hi'n iawn.
maa hin jaun
ist sie-G gut
Stimmt so. (Trinkgeld)

Im Pub

Wenn Sie abends in einen Pub gehen und auf Walisisch das Gewünschte bestellen, finden Sie unter den einheimischen Stammgästen leicht Anschluss. Es ist besser, wenn Sie von Anfang an klarstellen:

Nid Sais dw i, ond Almaenwr!
nid seis du i, ond almeinur
nicht Engländer bin ich, aber Deutscher
Ich bin kein Engländer, ich bin Deutscher!

Wie in England, gibt es auch hier die Biersorten **chwerw** (Bitter) und **lagr** (Lager). Die Maßeinheit ist **peint** „Pint" (0,568 l) oder dementsprechend **hanner peint** „ein halbes Pint". Bier ist das wichtigste Getränk, wie man auch an dem Ausdruck **mynd am beint** (wörtl. „gehen um Pint"), d. h. „ausgehen (in die Kneipe)" erkennt. Man holt sich seine Getränke an der Theke. Wenn Sie ein Bier bestellen, dann werden Sie gleich nach der Sorte gefragt:

Das walisische Wort **tafarn** *(Kneipe, Pub) stammt noch von den Römern (lat. „taberna").*

Peint o gwrw, os gwelwch chi'n dda.
päint o guru, oos gweluch chin tha
Pint von(L!) (l!)Bier, wenn seht ihr-G(L!) (l!)gut
Ein Pint Bier, bitte.

Pa un?
pa iin
welch eins
Welches?

Die Auswahl an Weinen ist meist nicht sehr groß. Wenn Sie Wein bestellen, dann reicht im Pub die Unterscheidung zwischen rot und weiß:

Hoffwn i gael glasaid o win coch/gwyn!
hofun i geil glaseid o wiin kooch/gwin
ich(l!) bekommen glasvoll ((l!) zu "bekommen") von(L!) (l!)Wein rot/weiß
Ich hätte gern ein Glas Rotwein/Weißwein.

hanner peint o chwerw hanner päint o chweru	½ Pint Bitter
glasaid o win glaseid o wiin *glasvoll von(L!) (l!)Wein*	ein Glas Wein
gwin coch gwiin kooch	Rotwein
gwin gwyn gwiin gwin	Weißwein
glasaid o gôc glaseid o gook *glasvoll von(L!) (l!)Cola*	ein Glas Cola
glasaid o ddiod lemon glaseid o thi-od lemon *glasvoll von(L!) (l!)Getränk Zitrone*	ein Glas Limonade
glasaid o siandi glaseid o schandi	ein Glas Radler
paced o greision paked o gräischon *Päckchen von(L!) (l!)Chips*	ein Tütchen Chips

In einer Gruppe ist es üblich, dass einer an die

Theke geht und den anderen etwas mitbringt. In der nächsten Runde ist ein anderer dran. Sie sollten sicherheitshalber also immer genügend Geld für eine Runde dabeihaben.

Beth wyt ti'n yfed?
beth u-it tin öfed
was bist du-G trinken
Was trinkst du?

Trinkgelder sind nicht üblich. Wenn Sie dem Kellner/der Kellnerin etwas Gutes tun wollen, dann spendieren Sie ein Getränk.

Iechyd da!
jechid da
Gesundheit gut
Prost!

Dw i wedi cael digon.
du i wedi ka-el digon
bin ich V bekommen genug
Ich habe genug getrunken.

Dw i wedi meddwi.
du i wedi methwi
bin ich V sich-betrinken
Ich bin betrunken.

Irgendwann ist es an der Zeit, nach Hause zu gehen. Nach Aufhebung der Sperrstunde haben manche Pubs auch noch nach 23 Uhr geöffnet.

Beth am fynd adref nawr?
beth am wind adre naur
was über(L!) (l!)gehen nach Hause jetzt
Wollen wir aufbrechen?

Wer nicht rechtzeitig losgekommen ist, der kann am nächsten Morgen Folgendes sagen:

Dw i â phen mawr.
du i aa fen maur
ich bin mit(H!) (h!)Kopf groß
Ich habe einen Kater.

Dw i'n teimlo'n sâl ar ôl yfed gormod.
du in täimlon saal ar ool öfed gormod
bin ich fühlen-G krank nach trinken zuviel
Ich habe einen Kater / Mir ist schlecht.

Kaufen & Handeln

Wenn Sie in Wales einkaufen, können Sie in allen Geschäften, an denen ein Schild **Dechreuwch bob sgwrs yn Cymraeg** (Beginnen Sie jedes Gespräch auf Walisisch) angebracht ist, Ihre Walisischkenntnisse anwenden. Sie werden dann sehr freundlich bedient. Der Einkaufsvorgang ist wie bei uns. Die Geschäfte haben generell nur bis 17.30 Uhr geöffnet.

siop (w)	schop	Laden, Geschäft
marchnad (w)	marchnad	Markt
nwydd (m)	nu-ith	Ware
ar agor *auf öffnen*	ar agor	offen
ar gau *auf(L!) (l!)schließen*	ar gei	geschlossen

Allech chi ddangos hyn o'r ffenest i fi?
ahlech chi thangos hin or fenest i wi
(l!)könntet(L!) ihr (l!)zeigen dies aus dem Fenster zu(L!) (l!)mir
Könnten Sie mir dies aus dem Fenster zeigen?

Man kann in Wales sehr schönen keltischen Schmuck, Kunstgegenstände und Bekleidung einkaufen.

Faint mae hyn yn costio?
weint maa hön ön kosti-o
wieviel ist-G kosten
Wie viel kostet das?

Mae angen ... arna i.
maa angen ... arna i
ist Bedürfnis ... auf ich
Ich brauche ...

llun (m) hliin	Bild
llyfr (m) hlöwr	Buch
canwyll (w) kanwihl	Kerze
côt (w) koot	Mantel
clustlysau (Mz) klistlöse	Ohrringe
cerdyn post (m) kerdin poost *Karte Post*	Postkarte
siwmper (w) dschumper	Pullover
esgidiau (Mz) esgidi-e	Schuhe
papur toiled (m) papir teuled	Toilettenpapier
papur newydd (m) papir newith	Zeitung

Mae hynny'n rhy ddrud.
maa hönnin hri thriid.
ist dies-G zu(L!) (l!)teuer
Das ist zu teuer.

Oes rhywbeth rhatach?
eus hri-ube~~th~~ hratach
es-gibt etwas preiswerter
Gibt es etwas Preiswerteres?

Dw i'n cymryd hynny.
du in kömrid hönni
bin ich-G nehmen dies
Ich nehme das.

Dyma chi!
döma chi
hier(-ist) ihr
Bitte schön!

Rhywbeth arall?
hri-ube~~th~~ arahl
etwas anderes
Sonst noch was?

Dim diolch.
dim djolch
nichts Dank
Nein, danke.

Lebensmittel

pysgod (Mz)	pösgod	Fisch
dofednod (Mz)	dowednod	Geflügel
cig (m)	kiig	Fleisch
briwgig (m)	bri-ugiig	Hackfleisch
llysiau (Mz)	hlöschi-e	Gemüse
pys (Mz)	piis	Erbsen
ffa (Mz)	faa	Bohnen
ciwcymbr (m)	kjuukömbr	Gurke
moron (Mz)	moron	Möhren
bresych (Mz)	bresich	Kohl
madarch (Mz)	madarch	Pilze

tomato (m)	tomato	Tomate
wynwn (Mz)	win-un	Zwiebeln
ffrwythau (Mz)	fru-ithe	Früchte
afal (m)	awal	Apfel
peren (w)	peren	Birne
mefus (Mz)	mewis	Erdbeeren
mwyar (Mz)	mu-iar	Brombeeren
ceirios (Mz)	käiri-os	Kirschen

Die Einzahl wird mit der Einzahl-Endung **-yn/-en** *gebildet, also* **mefusen** mewisen *„(eine) Erdbeere“,* **mwyaren** mu-iaren *„(eine) Brombeere“,* **ceiriosen** käiri-osen *„(eine) Kirsche“.*

Maße & Gewichte

In Wales sind teilweise noch folgende Maße und Gewichte in Gebrauch:

modfedd (w) modweth	Zoll, Inch (2,54 cm)
troedfedd (w) treudweth	Fuß (30,5 cm)
llathen (w) hlathen	Yard (0,914 m)
milltir (w) mihltir	Meile (1,6 km)
pum troedfedd o hyd pim treudweth o hiid *fünf Fuß von Länge*	fünf Fuß lang
owns (w) o-uns	Unze (28,35 g)
pwys (m) pu-is	Pfund (0,454 kg)
canpwys (m) kanpu-is	Zentner (50,8 kg)
tunnell (w) tinnehl	Tonne (1016 kg)

Fotografieren

Wie überall, sollte man auch in Wales um Erlaubnis fragen, wenn man jemanden fotografieren will:

Allaf i dynnu eich llun chi?
ahla i dönni äich hliin chi
(l!)kann(L!) ich (l!)ziehen euer Bild ihr
Darf ich Sie fotografieren?

Diese Frage kann ein nettes Gespräch zur Folge haben. Da Filme in Wales etwas teurer sind als bei uns, ist es besser, wenn man sich gleich zu Hause damit eindeckt; auch werden Diafilme in Wales seltener verkauft.

ffilm (w)	film	Film
ffilm liw (w) *Film(L!) (l!)Farbe*	film li-u	Farbfilm
ffilm ddu a gwyn (w) *Film(L!) (l!)schwarz und weiß*	film thii a gwin	Schwarzweißfilm
sleid (w)	släid	Dia
llun (m)	hliin	Foto
print (m)	print	Abzug
camera (m)	kamera	Fotoapparat
datblygu	datblögi	entwickeln
ffilmio	filmi-o	filmen

Bank, Post & Telefon

Zwar ist es eher üblich, Bank- und Postangelegenheiten auf Englisch abzuwickeln; doch gibt es, besonders in kleineren Orten, durchaus Angestellte, die des Walisischen mächtig sind. Manchmal sind diese durch einen Anstecker **Cymraeg** (Walisisch) gekennzeichnet. Sie freuen sich besonders, wenn ausländische Touristen ihr Walisisch ausprobieren.

Bank

punt (w) pint	ein Pfund
dwy bunt du-i bint *zwei(w,L!) (l!)Pfund*	zwei Pfund
ceiniog (w) käini-og	ein Penny
dwy geiniog du-i gäini-og *zwei(w,L!) (l!)Penny*	zwei Pennys
ffranc y Swistir (w) frank ö swistir *Franken die Schweiz*	Schweizer Franken
doler (w) doler	Dollar
siec deithio (w) schek däithi-o *Scheck(L!) (l!)reisen*	Reisescheck

Dw i eisiau newid arian/siec.
du i iische newid ari-an/schek
bin ich wollen wechseln Geld/Scheck
Ich möchte Geld/einen Scheck umtauschen/einlösen.

Beth yw gwerth yr ewro?
be~~th~~ i-u gwer~~th~~ ör euro
was ist Wert der Euro
Wie steht der Euro?

Allech chi lofnodi yma?
ahlech chi lownodi öma
(l!)könntet(L!) ihr (l!)unterschreiben hier
Könnten Sie hier unterschreiben?

Post

Auf städtischen Postämtern sollte man nur dann sein Walisisch probieren, wenn der Angestellte ein **Cymraeg**-Schildchen trägt. Auf kleineren Postämtern in Dörfern ist Walisisch aber durchaus üblich.

Dw i eisiau danfon hwn i'r Almaen.
du i iische danwon hun ir almein
bin ich wollen schicken dies zu-das Deutschland
Ich möchte dies nach Deutschland schicken.

Oes cardiau ffôn gyda chi?
eus kardi-e foon göda chi
es-gibt Karten Telefon mit ihr
Haben Sie Telefonkarten?

amlen (w), **amlenni** (Mz) amlen, amlenni	Briefumschlag
stamp (m), **stampiau** (Mz) stamp, stampi-e	Briefmarken
parsel (m), **parseli** (Mz) parsel, parseli	Päckchen
trosglwyddiad (m), **trosglwyddiadau** (Mz) trosglu-ithi-ad, trosglu-ithi-ade	Überweisung
swyddfa'r Post (w) suithwar poost *Büro-die Post*	Postamt
blwch llythyrau (m) bluuch hlö~~th~~öre *Dose Briefe*	Briefkasten
blwch ffôn (m) bluuch foon *Dose Telefon*	Telefonzelle

Am Telefon meldet man sich mit **Helô!** *(Hallo!). Manche sagen auch den Namen der Stadt/des Dorfes und die letzten drei Ziffern der Telefonnummer, z. B.* **Bala naw, saith, un** *(Bala 971).*

Dw i eisiau ffonio.
du i iische foni-o
bin ich wollen telefonieren
Ich will telefonieren.

Alexander yma.
aleksander öma
Alexander hier
Hier ist Alexander.

Dw i eisiau siarad â Threfor.
du i iische scharad aa ~~th~~rewor
bin ich wollen sprechen mit(H!) (h!)Trefor
Ich will Trefor sprechen.

Byddaf i'n ffonio eto yn hwyrach.
bötha in foni-o eto ön hwirach
werde ich-G telefonieren nochmal G später
Ich rufe später noch mal an.

Krank sein

Ärzte, ob im Krankenhaus oder in der Praxis, sind normalerweise des Englischen mächtig. Bis man aber dort ist, können folgende Phrasen weiterhelfen:

Ble mae'r ysbyty nesaf?
blee maar ösböti nesa
wo ist-das Krankenhaus nächste
Wo ist das nächste Krankenhaus?

Galwch feddyg!
galhuch wethig
ruft-ihr(L!) (l!)Arzt
Rufen Sie einen Arzt!

Mae dolur rhydd gyda fi.
maa dolir hriith göda wi
ist Schmerz frei mit ich
Ich habe Durchfall.

Statt **pen tost** *können Sie in diesem Satz auch die Ausdrücke der folgenden Liste einsetzen:*

Mae pen tost gyda fi.
maa pen tost göda wi
ist Kopf Schmerz mit ich
Ich habe Kopfschmerzen.

gwddw tost (m) *Hals Schmerz*	guthu tost	Halsweh
bol tost (m) *Magen Schmerz*	bool tost	Bauchschmerzen
clust dost (w) *Ohr(L!) (l!)Schmerz*	klist dost	Ohrenschmerzen
cefn tost (m) *Rücken Schmerz*	kewn tost	Rückenschmerzen

Bei sonstigen physischen und psychischen Zuständen wird das Verhältniswort **ar** (auf) verwendet, das mit den persönlichen Fürwörtern gebeugte Formen bildet.

Mae syched ar y plentyn.
maa söched ar ö plentin
ist Durst auf das Kind
Das Kind hat Durst.

In diese Konstruktion kann statt „Durst“ u. a. eingesetzt werden:

peswch (m)	pesuch	Husten
ofn (m)	own	Angst
ffliw (m)	fli-u	Grippe
dannoedd (w)	danneuth	Zahnweh
poen (m/w)	peun	Schmerzen

Toilette

Der Standard der öffentlichen Toiletten entspricht in etwa dem unseren.

dynion	döni-on	*Männer*	Herren
merched	merched	*Mädchen*	Damen

Mae rhaid i fi fynd i'r tŷ bach.
maa hreid i wi mind ir tii baach
ist Notwendigkeit(L!) zu(L!) (l!)ich (l!)gehen zu-das Haus klein
Ich muss austreten.

Does dim papur toiled.
deus dim papir teuled
nicht-gibt nichts Papier Toilette
Es ist kein Toilettenpapier da.

papur toiled (m) papir teuled	Toilettenpapier
sebon (m) sebon	Seife
lliain (m) hli-ein	Handtuch
cadach misglwyf (m) kadach miisglu-iw	Damenbinde
tampon (m) tampon	Tampon
eli (w) eli	(Hand-)Creme

Schimpfen & Fluchen

Mit dem Gebrauch von Schimpfwörtern und Flüchen sollte man vorsichtig sein. Wenn es nicht anders geht, kann man sich zunächst mit diesen Ausdrücken behelfen:

Allan o'r ffordd! ahlan or forth *heraus von-der(L!) (l!)Weg*	Aus dem Weg!
Sefwch yn llonydd! sewuch ön hlonith *steht G bewegungslos*	Bleiben Sie stehen!
Gwrandewch arna i! gurande-uch arna i *hört auf ich*	Hören Sie mir zu!

Eine Stufe aggressiver sind folgende Ausdrücke:

Blydi hel! (aus engl.) blödi hel *blutige Hölle*	Verdammt!
'neno'r Tad! nenor taad *im Namen des Vaters*	Um Gottes Willen!
Myn uffern! min iffern *bei Hölle*	Verdammt noch mal!
Myn diawl! min djaul *bei Teufel*	Zum Henker!

Diawl gwirion! djaul gwiri-on *Teufel dumm*	Idiot!
Hen ast wirion! heen ast wirion *alte(L!) (l!)Hündin(L!) (l!)dumm*	Blöde Ziege!

Ein Gefühl wie „um Gottes willen" kann man auch durch Zungenschnalzen ausdrücken.

Cae dy geg!
kei dö geeg
schließ dein(L!) (l!)Mund
Halt die Klappe!

Hel dy draed!
heel dö dreid
jag deine(L!) (l!)Füße
Hau ab!

Be'r ddiawl wyt ti yn ei wneud?!
beer thjaul u-it ti ön i wneid
was-der(L!) (l!)Teufel bist du G in sein(L!) (l!)Tun
Was zum Teufel tust du?!

Twll dy din di!
tuhl dö diin di
Loch dein(L!) (l!)Arsch du
Leck mich am Arsch!

Bois bach!
beus baach
Jungs kleine
Oh weia!

Liste unregelmäßiger Verben

Einige Verben haben unregelmäßige gebeugte Vergangenheitsformen, die man erkennen sollte. Alle anderen Zeiten können mit der Verlaufsform gebildet werden und sind daher einfach.

cael	ka-el	bekommen
ces i	kes i	ich bekam
cest ti	kest ti	du bekamst
cafodd e/hi	kawoth e/hi	er/sie bekam
cawson ni	kauson ni	wir bekamen
cawsoch chi	kausoch chi	ihr bekamt
cawson nhw	kauson hu	sie bekamen

dod	dood	kommen
des i	des i	ich kam
dest ti	dest ti	du kamst
daeth e/hi	deith e/hi	er/sie kam
daethon ni	däithon ni	wir kamen
daethoch chi	däithoch chi	ihr kamt
daethon nhw	däithon hu	sie kamen

gwneud	gunäid	machen/tun
gwnes i	gunes i	ich machte
gwnest ti	gunest ti	du machtest
gwnaeth e/hi	guneith e/hi	er/sie machte
gwnaethon ni	gunäithon ni	wir machten
gwnaethoch chi	gunäithoch chi	ihr machtet
gwnaethon nhw	gunäithon hu	sie machten

Die Formen von **bod** bood *(sein) wurden bereits im Kapitel „Das Verb sein" angeführt. Die unregelmäßigen Befehlsformen stehen im Kapitel „Auffordern & Befehlen".*

mynd	mind	gehen
es i	es i	ich ging
est ti	est ti	du gingst
aeth e/hi	eith e/hi	er/sie ging
aethon ni	äithon ni	wir gingen
aethoch chi	äithoch chi	ihr gingt
aethon nhw	äithon hu	sie gingen

Geographische Begriffe

In Wales sind Hinweisschilder generell auf Englisch und Walisisch. Die walisische Variante kann allerdings völlig anders als die englische lauten.

Elemente einiger walisischer Ortsnamen

aber	aber	Mündung
betws	betus	Kapelle
bryn	brin	Hügel
bwlch	bulch	Kluft
caer	ka-er	Burg
capel	kapel	Kirche
castell	kastehl	Schloss, Burg
coed	keud	Wald
ffynnon	fönon	Brunnen, Quelle
glan	glan	Strand, Ufer
glyn	glin	(enges) Tal
llan	hlan	Kirche
llyn	hlin	See
mynydd	mönith	Berg
nant	nant	Bach
pen	pen	Spitze
pentre(f)	pentre	Dorf
pont	pont	Brücke
porth	porth	Hafen
tre(f)	tree	Stadt
tŷ	tii	Haus

Städte, Inseln & Berge

Ynys Môn	önis moon	Anglesey
Ynys Enlli	önis enhli	Bardsey
Abermo	abermoo	Barmouth
Bannau Brycheiniog	banne brichäini-og	Brecon Beacons
Aberhonddu	aberhonthi	Brecon
Llanfair-ym-Muallt	hlanweir-öm-mi-ahlt	Buith Wells
Caerdydd	ka-erdiith	Cardiff
Aberteifi	abertäiwi	Cardigan
Caerfyrddin	ka-erwörthin	Carmarthen
Pontarfynach	pontarwinach	Devil's Bridge
Abergwaun	abergwein	Fishguard
Hwlffordd	hulforth	Haverfordwest
Caergybi	ka-ergöbi	Holyhead
Cwlen	kulen	Köln
Llanbedr Pont Steffan	hlanbedr pont stefan	Lampeter
Lerpwl	lerpul	Liverpool
Miwnic	mi-unik	München
Casnewydd	kaasnewith	Newport
Y Drenewydd	ö drenewith	Newtown
Eryri	eröri	Snowdonia
Tyddewi	tithewi	St. David's
Abertawe	abertau-e	Swansea
Y Trallwng	ö trahlung	Welshpool

Länder

Cymru (w)	kömri	Wales
Yr Almaen (w)	ör almein	Deutschland
Awstria (w)	austri-a	Österreich
Y Swistir (w)	ö swistir	Schweiz
Iwerddon (w)	iwerthon	Irland
Lloegr (w)	hleugr	England
Yr Alban (w)	ör alban	Schottland
Prydain (w)	pridein	Großbritannien
Ffrainc (w)	freink	Frankreich
Yr Iseldiroedd (Mz)	ör iseldireuth	Niederlande
America (w)	amerika	Amerika
Unol Daleithiau America (Mz)	inol daläithi-e amerika	Vereinigte Staaten/USA

Literaturhinweise

Wer sich noch eingehender mit der walisischen Sprache vertraut machen möchte, dem habe ich hier eine kleine Bücherliste zusammengestellt. Die folgenden Bücher können von Deutschland aus nur als Auslandsbestellungen im Buchhandel bestellt werden. Man findet sie auch im Internet, z. B. unter „http://www.harpanddragon.com/Welshbks.htm".

Die folgenden Bücher/Schriften sind nicht über den Reise Know-How Verlag GmbH erhältlich.

Literaturhinweise

Bezugsmöglichkeit aus Wales	**Cyngor Llyfrau Cymru/Welsh Books Council**, Castell Brychan, Aberystwyth, Ceredigion, SY23 2JB E-Mail: castellbrychan@ wbc.org.uk, oder einfach unter www.gwales.com bestellen.
Lehrbücher	Britta Schulze-Thulin: **„Lehrbuch der walisischen Sprache,** Hamburg 2006. ISBN 978-3-87548-403-8
Grammatiken	**„Gramadeg Cymraeg Cyfoes – Contemporary Welsh Grammar“,** Llandysul 2007, ISBN 978-1-85902-672-4
Wörterbücher	Wolfgang Greller/Marcus Wells/Bethan Powell/Mererid Hopwood/Heini Gruffudd: **„Geiriadur Almaeneg-Cymraeg/Cymraeg-Almaeneg: Wörterbuch Deutsch-Walisisch/Walisisch-Deutsch“,** Canolfan Astudiaethau Addysg, Aberystwyth 1999. ISBN 978-1-85644-417-0
Walisischkurse in Wales	**Bwrdd yr Iaith Gymraeg/Welsh Language Board** Market Chambers, 5-7 St Mary St, Cardiff CF10 1 AT, Wales, GB; (Tel. 01222/224744) www.bwrdd-yr-iaith.org.uk/
Wer sein Walisisch in Wales noch verbessern möchte, kann sich an nebenstehende Institutonen wenden.	**Nant Gwrtheyrn Language Centre,** Llithfaen, Pwllheli LL53 6PA, Gwynedd, Wales, GB www.nantgwrtheyrn.org.uk/ **Acen** Ivor House, Bridge Street, Cardiff CF10 2EE, Wales, GB; www.acen.co.uk/
Landkarten	**Wales/Cymru & West Midlands Road 6 Travel Map, Ordnance Survey,** (1:250.000) *Zum Wandern:* **Messtischblätter** von **Ordnance Survey,** (1:25 000) www.ordnancesurvey.co.uk/

Die britischen Inseln

bieten viele Regionen, die es zu besuchen lohnt. Mit dem passenden Reiseführer der Reihe *Reise Know-How* entgeht einem nichts:

Britta Schulze-Thulin

Wales

Alle Details von A-Z, reich illustriert, viele Fotos, Karten und Pläne.
432 Seiten, € 19,90

Braun, Cordes, Großwendt

Schottland

Ausführliche Informationen zu Land & Leuten, Natur & Gesellschaft.
576 Seiten,€ 19,90

Braun, Cordes, Großwendt, Semsek

Großbritannien

Das kompakte Reisehandbuch, mit vielen Fotos, Karten und Plänen.
552 Seiten, € 19,90

Hans-Günter Semsek

England – der Süden

Das Urlaubshandbuch als handlicher, kompetenter Führer durch die Region.
480 Seiten, € 19,90

Reise Know-How Verlag, Bielefeld

Kauderwelsch Sprechführer

Keltische Sprachen & Englisch

Irisch-Gälisch
978-3-89416-281-8

Schottisch-Gälisch
978-3-89416-352-5

Kornisch
978-3-89416-375-4

Bretonisch
978-3-89416-363-1

Englisch
978-3-89416-484-0

British Slang
978-3-89416-037-3

Amerikanisch
978-3-89416-512-X

Amerikan./Britisch?
978-3-89416-577-4

American Slang
978-3-89416-043-8

Canadian Slang
978-3-89416-307-0

Australian Slang
978-3-89416-041-1

Neuseeland Slang
978-3-89416-506-5

REISE KNOW-HOW Verlag, Bielefeld

Wörterliste Deutsch – Walisisch

Die Wörterlisten enthalten einen Grundwortschatz von ca. 1000 Wörtern. Vokabular, das man in den einzelnen Kapiteln nachschlagen kann, ist hier nicht immer aufgeführt. Das grammatische Geschlecht der Hauptwörter ist immer angegeben. Die Eigenschaftswörter kennen kein grammatisches Geschlecht (Ausnahmen gibt es nur bei Farbwörtern).

A

Abend noson (w), nosweithiau (Mz)
Abendessen cinio (m/w), ciniawau (Mz)
aber ond
abfahren ymadael
abfliegen hedfan
abreisen gadael
abschleppen halio
Adresse cyfeiriad (m), -au (Mz)
Alkohol alcohol (m)
allein unig (L!)
alles (Eigenschaftswort) pob
alles (Hauptwort) popeth
als (Vergleich) na (H!)
als (zeitl.) pan (L!)
alt (nicht jung) hen (L!)
alt (nicht neu) hen (L!)
Alte(r) henoed (Mz)
Alter (Lebens-) oed (m), oedrannau (Mz)
Andenken peth i gofio (m), pethau ... (Mz)
anfangen dechrau
Angestellte(r) gweithiwr (m), -wyr (Mz), gweithwraig (w), -wragedd (Mz)
Angst ofn (m), -au (Mz)
anhalten stopio
ankommen cyrraedd
Ankunft cyrhaeddiad (m), cyraeddiadau (Mz)
Antwort ateb (m), -ion (Mz)
antworten ateb
Apotheke fferyllfa (w), -feydd (Mz)
arbeiten gweithio
Arbeiter(in) gweithiwr (m), -wyr (Mz), gweithwraig (w), -wragedd (Mz)
arm tlawd
Arzt meddyg (m), -ion (Mz)
auch hefyd
auf ar (L!)
aufbrechen (weggehen) ymadael
Aufenthalt arhosiad (m), -au (Mz)
aufhören stopio
aufstehen codi
aufwachen dihuno
aus o (L!)

Ausfuhr allforion (Mz)
Ausgang ffordd allan (w), ffyrdd ... (Mz)
ausgezeichnet ardderchog
Auskunft gwybodaeth (w), -au (Mz)
Ausland gwlad dramor (w), gwledydd ... (Mz)
Ausländer(in) estron (m), -iaid (Mz), estrones (w), -au (Mz)
ausländisch estron
Ausreise ymadawiad â gwlad (m), -au ... (Mz)
Aussprache (von Wörtern) ynganiad (m), -au (Mz)
aussteigen disgyn
Ausstellung arddangosfa (w), -feydd (Mz)
Ausweis cerdyn adnabod (m), cardiau (Mz)
ausziehen (Kleidung) diosg
Auto car (m), ceir (Mz)
Autowerkstatt modurdy (m), modurdai (Mz)

B

Badeanzug siwt nofio (w), -iau ... (Mz)
Badehose trowsus nofio (m), -au ... (Mz)
baden cael bath
Badezimmer stafell ymolchi (w), -oedd ... (Mz)
Bahnhof gorsaf (w), -oedd (Mz)
Bahnsteig platfform (m), -au (Mz)
bald cyn bo hir
Bank (Geld) banc (m), -iau (Mz)
Bargeld arian parod (m)
Batterie batri (m), batrïau (Mz)
bauen adeiladu
Bauer, Bäuerin ffermwr (m), -wyr (Mz), ffermwraig (w), -wragedd (Mz)
Baum coeden (w), coed (Mz)
beeilen, sich brysio
beenden gorffen
begleiten mynd gyda (H!)
begrüßen cyfarch
behandeln (Krankh.) trin
Behörde awdurdod (m/w), -au (Mz)
bei yn agos at (L!)
Beispiel enghraifft (w), enghreifftiau (Mz)
bekanntmachen, sich cyflwyno
beleidigen sarhau
benachrichtigen hysbysu
Benzin petrol (m)
Berg mynydd (m), -oedd (Mz)
Beruf gwaith (m), gweithiau (Mz)
berühmt enwog
beschweren, sich cwyno
besichtigen ymweld â (H!)
Besitzer(in) perchennog (m), perchenogion (Mz)
besser gwell
bestellen archebu
Bestellung archeb (w), -ion (Mz)
bestrafen cosbi
Besuch ymweliad (m), -au (Mz)
besuchen ymweld â (H!)
betrügen twyllo
betrunken meddw
Bett gwely (m), -au (Mz)
Bettzeug dillad gwely (Mz)
bevor cyn (L!)

Beweis prawf (m), profion (Mz)
bezahlen talu
Bier cwrw (m)
Bild llun (m), -iau (Mz)
billig rhad
Binde (für Damen) cadach misglwyf (m), -au ... (Mz)
bis hyd (L!), tan
bisschen tipyn bach
Bitte cais (m), ceisiadau (Mz)
bitten gofyn am (L!)
Blatt (Papier) dalen (w), -nau (Mz)
blau glas (Ez), gleision (Mz)
bleiben aros
Bleistift pensil (m), -iau (Mz)
Blume blodyn (m), blodau (Mz)
Boot cwch (m), cychod (Mz)
Botschaft (dipl.) llysgenhadaeth (w), llysgenadaethau (Mz)
Brand tanllwyth (m), -i (Mz)
Brauch arfer (m), -ion (Mz)
brauchen bod eisiau
braun brown
breit llydan
brennen deifio
Brief llythyr (m), -on (Mz)
Briefmarke stamp (m), -iau (Mz)
Briefumschlag amlen (w), -ni (Mz)
Brille sbectol (w), -au (Mz)
bringen dod â (H!)
Brot bara (m)
Brücke pont (w), -ydd (Mz)
Bruder brawd (m), brodyr (Mz)
Brust (weibl.) bron (w), -nau
Brust(korb) brest (w), -iau
Buch llyfr (m), -au (Mz)
buchen bwcio
Buchstabe llythyren (w), -au (Mz)
bunt lliwgar
Burg castell (m), cestyll (Mz)
Bürger (Staats-) dinesydd (m), -ion (Mz)
Büro swyddfa (w), -feydd (Mz)
Bus bws (m), bysiau (Mz)

C

CD crynoddisg (m), -iau (Mz)
CD-Spieler chwaraewr crynoddisg (m), -wyr ... (Mz)
Chauffeur gyrrwr (m), -wyr (Mz)
Chef pennaeth (m), penaethiaid (Mz)

D

da (örtl.) yna
Dach to (m), toeau (Mz)
damit er mwyn
danach (zeitl.) wedyn
danke diolch (m), -iadau (Mz)
danken diolch
dann yna
darum dyna pam
dass bod, mai, tau
Datum dyddiad (m), -au (Mz)
dauern parhau
Decke (Bett) blanced (w), -i (Mz)
dein/e dy (L!) ... di
denken meddwl
Denkmal cofeb (w), -ion (Mz)
deshalb dyna pam, felly

deutsch (Sprache) Almaeneg
Deutsche Almaenes (w), -au (Mz)
Deutscher Almaenwr (m), -wyr (Mz)
Deutschland Yr Almaen
Dialekt tafodiaith (w), tafodieithoedd (Mz)
dick tew
Diebstahl lladrad (m), -au (Mz)
dies hwn (m), hon (w)
diese(r,s) hwn (m), hon (w), hyn (Mz)
Ding peth (m), -au (Mz)
Diskothek clwb nos (m), clybiau ... (Mz)
Dokument(e) dogfen (w), -nau (Mz)
Dolmetscher cyfieithydd (m), cyfieithwyr (Mz)
Dorf pentref (m), -i (Mz)
dort yna (L!), acw (L!)
dorthin i fan 'na
dringend ar frys
du ti
dumm twp
dunkel tywyll
dünn tenau
durch (bei, von) wrth (L!)
durch (hindurch) drwy/trwy (L!)
Durchfall dolur rhydd (m, S), pib (w, N)
dürfen cael gwneud
Durst (haben) bod â syched

E

echt gwir
Ehefrau gwraig (w), gwragedd (Mz)
Ehemann gŵr (m), gwŷr (Mz)
Ehepaar pâr priod (m), parau ... (Mz)
Ei wy (m), -au (Mz)
Eigentum eiddo (m)
einander ei gilydd
Einbruch lladrad (m), -au (Mz)
einfach hawdd
Einfuhr mewnforiad (m), -au (Mz)
Eingang mynedfa (w), -feydd (Mz)
einige rhai
einladen gwahodd
Einladung gwahoddiad (m), -au (Mz)
einmal unwaith
einsteigen mynd i mewn
eintreten mynd i mewn
einverstanden o'r gorau
Einwohner preswylydd (m), preswylwyr (Mz)
Eis (Speise-) hufen iâ (m)
Eisenbahn rheilffordd (w), -ffyrdd (Mz)
Eiter crawn (m)
Eltern rhieni (Mz)
empfangen croesawu
empfehlen cymeradwyo
Ende diwedd (m)
eng cul
englisch (Sprache) Saesneg
Enkel(in) ŵyr (m), wyrion (Mz), wyres (w), -au (Mz)
entscheiden penderfynu
entschuldigen, sich esgusodi
er (f)e
Erde pridd (m)
Ereignis digwyddiad (m), -au (Mz)
Erfolg llwyddiant (m), llwyddiannau (Mz)
erhalten derbyn
erholen, sich gwella
erinnern, sich cofio
erkältet sein bod annwyd ar (L!)
erklären egluro
erlauben caniatau i (L!)

Erlaubnis caniatâd (m), -au (Mz)
Ermäßigung gostyngiad (m), -au (Mz)
Ersatzteil sbaryn (m), sbarion (Mz)
erzählen adrodd
essen bwyta
Etage llawr (m), lloriau (Mz)
etwa tua (H!)
etwas rhywbeth
euer/e eich ... chi

F

Fabrik ffatri (w), ffatrïoedd (Mz)
Faden edau (w), edafedd (Mz)
Fähre fferi (w), fferïau (Mz)
fahren gyrru
Fahrkarte tocyn (m), -nau (Mz)
Fahrplan amserlen (w), -ni (Mz)
Fahrpreis pris tocyn (m), -iau ... (Mz)
Fahrrad beic (m), -iau (Mz)
Fahrzeug cerbyd (m), -au (Mz)
falsch (unrichtig) anghywir
Familie teulu (m), -oedd (Mz)
Familienname cyfenw (m), -au (Mz)
Farbe lliw (m), -iau (Mz)
Farbfilm ffilm lliw (m), -iau (Mz)
faul (Obst) pwdr
faul (träge) diog
Fehler bai (m), beiau (Mz)
Feier dathliad (m), -au (Mz)
feiern dathlu
feilschen um bargeinio ynghylch
Feld cae (m), -au (Mz)
Fenster ffenest (w), ffenestri (Mz)
Ferien gwyliau (Mz)
fern pell
Fernsehgerät set deledu (w), -iau ... (Mz)
fertig parod
fest cadarn
Fest parti (m), partïon (Mz)
feucht gwlyb
Feuer tân (m), tanau (Mz)
Fieber gwres (m), -au (Mz)
Film ffilm (w), -iau (Mz)
finden darganfod
Finger bys (m), -edd (Mz)
Fisch pysgodyn (m), pysgod (Mz)
Flasche potel (w), -i (Mz)
Fleisch (Essen) cig (m), -oedd (Mz)
fleißig gweithgar
fliegen hedfan
flirten fflyrtio
Flughafen maes awyr (m), meysydd (Mz)
Flugticket ticed (m), -i (Mz)
Flugzeug awyren (w), -nau (Mz)
Fluss afon (w), -ydd (Mz)
Folklore llên gwerin (w)
Formular ffurflen (w), -ni (Mz)
Fotoapparat camera (m), camerâu (Mz)
Fotografie (Bild) llun (m), -iau (Mz)
fotografieren tynnu llun
Frage cwestiwn (m), cwestiynau (Mz)
fragen gofyn
Frau gwraig (w), gwragedd (Mz)
Fräulein (Anrede) Miss
frei rhydd

fremd (ausländisch) estron
freuen, sich bod yn falch
Freund(in) cyfaill (m), cyfeillion (Mz), cyfeilles (w), -au (Mz)
freundlich cyfeillgar
Freundschaft cyfeillgarwch (m)
Frieden heddwch (m)
frieren (Eis) rhewi
frisch (Obst) ffres
fröhlich llawen
Frucht ffrwyth (m), -au (Mz)
früh cynnar
Frühling gwanwyn (m)
Frühstück brecwast (m), -au (Mz)
frühstücken cael brecwast
fühlen, sich teimlo
Führung arweiniad (m), -au (Mz)
für ar gyfer
fürchten, sich (vor) ofni
Fuß troed (m/w), traed (Mz)

G

Gabel fforc (w), ffyrc (Mz)
ganz i gyd
Garten gardd (w), gerddi (Mz)
Gas nwy (m), -on (Mz)
Gasse stryd gul (w), -oedd ... (Mz)
Gast gwestai (m), gwesteion (Mz)
Gastfreundschaft lletygarwch (m)
Gastgeber gwahoddwr (m), -wyr (Mz)
Gaststätte bwyty (m), bwytai (Mz)
Gebäck (süß) teisen (w), -nau (Mz)
Gebäude adeilad (m), -au (Mz)
geben rhoi
Gebirge mynyddoedd (Mz)
Gebühr tâl (m), taliadau (Mz)
Geburtstag pen blwydd (m), -nau ... (Mz)
gefährlich peryglus
gefallen plesio
Gefängnis carchar (m), -dai (Mz)
Gefäß llestr (m), -i (Mz)
Gefühl teimlad (m), -au (Mz)
gegen yn erbyn
Gegend ardal (w)
gegenüber gyferbyn â (H!)
gehen mynd
gelb melyn (m), melen (w)
Geld arian (m)
Gemüse llysiau (Mz)
gemütlich cyffyrddus
genau manwl
genug digon
Gepäck bagiau (Mz)
geradeaus syth ymlaen
gern yn llawen
Geschäft (Laden) siop (w), -au (Mz)
Geschäft (Tätigkeit) busnes (m/w), -au (Mz)
Geschenk anrheg (w), -ion (Mz)
Geschichte (Erzählung) stori (w), straeon (Mz)
Geschichte (Historie) hanes (m), -ion (Mz)
Geschwister brodyr a chwiorydd (Mz)
Gesellschaft cymdeithas (w), -au (Mz)
Gesetz cyfraith (w), cyfreithiau (Mz)
Gespräch sgwrs (w), sgyrsiau (Mz)
gestern ddoe
gesund iach

Gesundheit iechyd (m)
Getränk diod (w), -ydd (Mz)
Gewicht pwysau (Mz)
Gewitter storm (w), -ydd (Mz)
gewöhnen, sich (an) ymgynefino â (H!)
Gewürz sbeis (m), -ys (Mz)
Gift gwenwyn (m)
Glas (Material) gwydr (m)
Glas (Trink-) gwydryn (m), gwydrau (Mz)
glauben credu
Glück lwc (w)
glücklich (froh) hapus
Gold aur (m)
Gott Duw (m), -iau (Mz)
Gramm gram (m), -au (Mz)
Grammatik gramadeg (m), -au (Mz)
Gras glaswellt (m)
gratulieren llongyfarch ar (L!)
grau llwyd
Grenze ffin (w), -iau (Mz)
Grippe y ffliw (w)
groß mawr
Größe (Kleidung u. ä.) maint (m), meintiau (Mz)
Großmutter mamgu (w, S), mamau cu (Mz); nain (w, N), neiniau (Mz)
Großvater tadcu (m, S), tadau cu (Mz), taid (m, N), teidiau (Mz)
grün gwyrdd (Gegenstände), glas (Pflanzen)
Gruppe grŵp (m), grwpiau (Mz)
grüßen cyfarch
grüßen, sich ymgyfarch
gültig dilys
gut da

H

haben mae ... gyda
Hafen porthladd (m), -oedd (Mz)
Hälfte hanner (m), haneri (Mz)
halten (in der Hand) cadw
Haltestelle arhosfan (m/w), arosfannau (Mz)
Handel busnes (m), -i (Mz)
hart caled
Haus tŷ (m), tai (Mz)
Hausfrau gwraig tŷ (w), gwragedd ... (Mz)
heben codi
Heftpflaster plastr glynu (m), -au ... (Mz)
heiß poeth
helfen helpu
hell disglair
Herbst hydref (m)
Herr gŵr bonheddig (m), gwŷr ... (Mz)
herzlich cynnes
heute heddiw
hier yma (L!)
Hilfe cymorth (m), cymhorthion (Mz)
hinten tu ôl
hinter ar ôl
hoch uchel
Hochzeit priodas (w), -au (Mz)
hoffen auf gobeithio am (L!)
höflich cwrtais
Holz pren (m), -nau (Mz)
hören clywed
Hotel gwesty (m), gwestai (Mz)
hungrig (sein) mae eisiau bwyta â (H!)....
Hygiene glanweithdra (m)

I

ich fi, i
Ihr/e eich ... chi

ihr/e (Ez) ei (H!)... hi
ihr/e (Mz) eu ... nhw
immer trwy'r amser
impfen brechu
in (zeitlich und örtlich) yn (N!), mewn
Industrie diwydiant (m), diwydiannau (Mz)
Information hysbysrwydd (m)
informieren, sich cael gwybodaeth am (L!)
Insekt pryf (m), -ed (Mz)
Insel ynys (w), -oedd (Mz)
interessant diddorol
interessieren, sich (für) ymddiddori yn (N!)
international rhyngwladol

J

ja ie (G), ydy (G), oes (G), do (V)
Jahr blwyddyn (w), blynedd (Mz)
Jahreszeit tymor (m), tymhorau (Mz)
jährlich blynyddol
jeder pob
jedesmal bob tro
jemand rhywun
jene/r hwnnw (m), honno (w)
jetzt nawr (S), rwan (N)
Journalist(in) newyddiadurwr (m), -wyr (Mz), -wraig (w), -wragedd (Mz)
jung ifanc
Junge bachgen (m), bechgyn (Mz)

K

kalt oer
kaputt wedi torri
Karte (Land-) map (m), -iau (Mz)
Kasse (im Geschäft) til (m), -s (Mz)
kaufen prynu
kennen nabod
Kind plentyn (m), plant (Mz)
Kino sinema (w), sinemâu (Mz)
Kirche eglwys (w), -i (Mz)
Kleidung dillad (Mz)
klein bach
klug deallus
Kneipe tafarn (w), -au (Mz)
kochen coginio
Koffer siwtces (m), -ys (Mz)
kommen dod
kompliziert cymhleth
Kondom condom (m), -au (Mz)
können gallu (S), medru (N)
Konsulat conswliaeth (w), -au (Mz)
kontrollieren arolygu
Konzert cyngerdd (m/w), -au (Mz)
kosten (Preis) costio
kosten (probieren) blasu
kostenlos am ddim, yn rhad ac am ddim
krank sâl
Krankenhaus ysbyty (m), ysbytai (Mz)
Krankheit clefyd (m), -au (Mz)
kühl oeraidd
Kühlschrank oergell (w), -oedd (Mz)
Kunst celfyddyd (w), -au (Mz)
kunstgewerbl. Waren pethau celfydd (Mz)
kurz byr
küssen cusanu

L

lächeln gwenu
lachen (über etw.) chwerthin (ar)
Lage (geogr.) safle (m), -oedd (Mz)
Laken cynfas (m/w), -au (Mz)
Lampe lamp (w), -au (Mz)
Land gwlad (w), gwledydd (Mz)
Landkarte map (m), -iau (Mz)
Landschaft golygfa (w), golygfeydd (Mz)
Landwirtschaft amaethyddiaeth (w)
lang (Entfernung) hir
lang(e) (Zeit) (amser) hir
langsam araf
langweilig diflas
laufen, rennen rhedeg
laut swnllyd
leben byw
Leben bywyd (m), -au (Mz)
Lebensmittel bwyd (m), -ydd (Mz)
ledig dibriod
leer gwag
legen gosod
Lehrer(in) athro (m), athrawon (Mz), athrawes (w), -au (Mz)
leicht (nicht schwer) ysgafn
leihen, sich (von) benthyca
lernen dysgu
lesen darllen
Leute pobl (w Mz)
Licht golau (m), goleuadau (Mz)
lieben caru
Lied cân (w), caneuon (Mz)
liegen gorwedd
lila lelog
links ar y chwith
Loch twll (m), tyllau (Mz)
Löffel llwy (w), -au (Mz)
Lohn, Gehalt tâl (m), taliadau (Mz)
lügen dweud celwydd
lustig doniol

M

machen gwneud
Mädchen merch (w, S), -ed (Mz), geneth (w, N), -od (Mz)
malen peintio
manchmal weithiau
Mann dyn (m), -ion (Mz)
Markt marchnad (w), -oedd (Mz)
Medikament meddyginiaeth (w), -au (Mz)
Meer môr (m), moroedd (Mz)
mehr mwy
mein/e fy (N!)... i
Menge, Quantität nifer (m/w), -oedd (Mz)
Mensch dyn (m), -ion (Mz)
merken, sich cofio
Messer cyllell (w), cyllyll (Mz)
mieten hurio
Minute munud (w), -au (Mz)
mit gyda (H!), â (H!)
Mittag canol dydd (m)
Mittagessen cinio (m/w), ciniawau (Mz)
Mode ffasiwn (w), ffasiynau (Mz)
möglich posib
Monat mis (m), -oedd (Mz)
morgen yfory
Morgen bore (m), boreuau (Mz)
Motor modur (m), -on (Mz)

Motorboot cwch modur (m), cychod ... (Mz)
Motorrad beic modur (m), beiciau ... (Mz)
müde wedi blino
Müll sbwriel (m)
Museum amgueddfa (w), -feydd (Mz)
Musik cerddoriaeth (w)
müssen bod yn rhaid, gorfod
Mutter mam (w), -au (Mz)

N

nach (Richtung) i (L!)
nach (Zeit) ar ôl
Nachmittag prynhawn (m), -iau (Mz)
Nachricht newydd (m), -ion (Mz)
nächstes Mal tro nesaf
Nacht nos (w), -au (Mz)
nackt noeth
Nadel nodwydd (w), -au (Mz)
nahe agos
Name enw (m), -au (Mz)
nass gwlyb
Nationalität cenedligrwydd (m)
Natur natur (w)
natürlich (nicht künstl.) naturiol
neben ar bwys
nehmen cymryd
nein nage (G), nac ydy (G), nac oes (G), naddo (V)
neu newydd
neugierig chwilfrydig
nicht ddim
nichts dim byd
niedrig isel
niemals byth (G, Z), eriod (V)
niemand neb
nirgendwo/-hin yn unman/i unman
noch (weiterhin) o hyd
noch einmal eto
Norden gogledd (m)
normal cyffredin
notwendig anghenrheidiol
Nummer rhif (m), -au (Mz)
nur dim ond

O

ob tybed a (L!)
oben uwchben
Obst ffrwythau (Mz)
oder neu (L!)
öffnen agor
oft aml
ohne heb (L!)
Öl olew (m)
Onkel ewythr (m), -od (Mz)
Organ organ (m), -au (Mz)
organisieren trefnu
Ort lle (m), llefydd (Mz)
Osten dwyrain (m)
Österreich Awstria (w)
Österreicher(in) Awstriad (m+w)

P

paar rhai
Paar pâr (m), -au (Mz)
Päckchen pecyn (m), -nau (Mz)
Paket (Post-) parsel (m), -i (Mz)
Palast palas (m), -au (Mz)
Panne (Auto usw.) pall (m)
Papier papur (m), -au (Mz)
Park parc (m), -iau (Mz)
parken parcio
Pass (Reise-) pasbort (m), -iau (Mz)
Patient claf (m), cleifion (Mz)

Pause seibiant (m), seibiannau (Mz)
Person person (m), -au (Mz)
Pflanze planhigyn (m), planhigion (Mz)
Plan cynllun (m), -iau (Mz)
Platz lle (m), llefydd (Mz)
Platzkarte tocyn sedd gadw (m), tocynnau ... (Mz)
plötzlich sydyn
Politik gwleidyddiaeth (w)
Polizei heddlu (m), -oedd (Mz)
Post(amt) swyddfa'r Post (w), swyddfeydd ... (Mz)
Postkarte cerdyn post (m), cardiau ... (Mz)
Preis pris (m), -iau (Mz)
privat preifat
Problem problem (w), -au (Mz)
Programm rhaglen (w), -ni (Mz)
Prospekt taflen (w), -ni (Mz)
pünktlich prydlon
purpur, violett porffor

Q / R

Qualität ansawdd (m/w), ansoddau (Mz)
Radiogerät set radio (w), -iau ... (Mz)
Rat cyngor (m), cynghorau (Mz)
rauchen smocio
Raum (Zimmer) stafell, -oedd (Mz)
rechnen cyfrifo
Rechnung cyfrif (m), -on (Mz)
Recht (Gesetz) cyfraith (w), cyfreithiau (Mz)
rechts ar y dde
reden siarad
Regen glaw (m), -ogydd (Mz)
Regenschirm ymbarel (m/w), -au (Mz)
registrieren cofrestru
reich cyfoethog
reif aeddfed
Reifen (Auto) teiar (m), -s (Mz)
Reise taith (w), teithiau (Mz)
Reisebüro asiantaeth deithio (w), -au ... (Mz)
reisen teithio i (L!)
reparieren trwsio
reservieren cadw
Restaurant bwyty (m), bwytai (Mz)
Rettungswagen ambiwlans (m), -ys (Mz)
richtig cywir
Richtung cyfeiriad (m), -au (Mz)
roh amrwd
rot coch (Ez), cochion (Mz)
Rückfahrt taith yn ôl (w), teithiau ... (Mz)
Rucksack sach deithio (w), -au ... (Mz)
rückständig cyntefig
rufen, schreien galw
Ruhe tawelwch (m)

S

Sache peth (m), -au (Mz)
sagen dweud
Salbe eli (m), eliau (Mz)
Salz halen (m), -au (Mz)
sammeln casglu
Sand tywod (m), -ydd (Mz)
satt llawn
Satz (Grammatik) brawddeg (w), -au (Mz)
sauber glân
sauber machen glanhau

sauer sur
Schallplatte record (w), -iau (Mz)
scharf miniog
Scheck siec (w), -iau (Mz)
Schere siswrn (m), sisyrnau (Mz)
schicken, senden danfon
schießen saethu
Schiff llong (w), -au (Mz)
schlafen cysgu
Schlafsack sach gysgu (w), -au ... (Mz)
Schlafzimmer stafell wely (w), -oedd ... (Mz)
schlagen bwrw
schlecht drwg
Schloss (Gebäude) castell (m), cestyll (Mz)
Schlüssel allwedd (w, S), -i (Mz), agoriad (m, N), -au (Mz)
schmackhaft blasus
Schmerz poen (m/w), -au (Mz)
schmerzen brifo
Schmuck tlws (m), tlysau (Mz)
schmutzig brwnt
Schnaps schnaps (m)
schnell cyflym
schön hardd
schon (bereits) yn barod
schreiben ysgrifennu
Schuh esgid (w), -iau (Mz)
schuldig euog
Schule ysgol (w), -ion (Mz)
Schüler(in) disgybl (m+w)
schwanger beichiog
schwarz du (Ez), duon (Mz)
Schweiz Y Swistir
Schweizer(in) Swisiad (m+w), -iaid (Mz)
schwer (nicht leicht) trwm
Schwester chwaer (w), chwiorydd (Mz)
schwierig (nicht einfach) anodd
schwimmen nofio
schwitzen chwysu
See (Meer) môr (m), moroedd (Mz)
sehen gweld
Sehenswürdigkeiten rhywbeth gwerth ei weld (m), rhyw bethau gwerth eu weld (Mz)
Seide sidan (m), -au (Mz)
Seife sebon (m), -au (Mz)
Seil rhaff (w), -au (Mz)
sein bod
sein/e ei (L!)... e (m)
seit ers
Seite (Richtung) ochr (w), -au (Mz)
Sekunde eiliad (m/w), -au (Mz)
selbst hunan
selten (knapp) prin
setzen, sich eistedd
sicher diogel
Sie chi
sie (Ez.) hi
sie (Mz) nhw
Silber arian (m)
singen canu
sitzen eistedd
sitzen, passen (Kleidung) ffitio
so mor (L!)
sofort ar unwaith
Sohn mab (m), meibion (Mz)
solch(e,er,es) y fath (L!)
sollte (ich) dylwn i
Sommer haf (m), -au (Mz)
Sonne haul (m), heuliau (Mz)
sparen safio
spät hwyr

spazieren gehen mynd am dro
Speise pryd o fwyd (m), -au ... (Mz)
Speisekarte bwydlen (w), -ni (Mz)
spielen chwarae
Spielzeug tegan (m), -au (Mz)
Sport chwaraeon (Mz)
Sprache iaith (w), ieithoedd (Mz)
sprechen siarad
Spritze chwistrell (w), -au (Mz)
Staatsangehörigkeit dinasyddiaeth (w), -au (Mz)
Stadt tref (w), -i (Mz)
stark cryf
stehen sefyll
Stein carreg (w), cerrig (Mz)
Stelle, Ort lle (m), llefydd (Mz)
stellen gosod
sterben marw
Stil (Architekt.) arddull (m/w), -au (Mz)
Stimme llais (m), lleisiau (Mz)
Stoff defnydd (m), -iau (Mz)
stören aflonyddu
Strafe cosb (w), -au (Mz)
Strand (Sand-) traeth (m), -au (Mz)
Straße stryd (w), -oedd (Mz)
Straßenbahn tram (m), -iau (Mz)
Streichholz matsen (w), matsys (Mz)
streiten dadlau
Stück darn (m), -au (Mz)
Student myfyriwr (m), -wyr (Mz)
Stunde awr (w), oriau (Mz)
suchen chwilio am (L!)
Süden de (m)
Summe cyfanswm (m), -symiau (Mz)
Suppe cawl (m), -iau (Mz)
süß melys

T

Tabak tybaco (m)
Tablette tabled (w), -i (Mz)
Tag dydd (m), -iau (Mz)
täglich dyddiol
Tal cwm (m), cymoedd (Mz)
Tankstelle gorsaf betrol (w), -oedd ... (Mz)
Tante modryb (w), -edd (Mz)
tanzen dawnsio
Tasche bag (m), -iau (Mz)
Taxi tacsi (m), -s (Mz)
Telefon ffôn (m), ffonau (Mz)
telefonieren ffonio
Telegramm telegram (m), -au (Mz)
teuer drud
Theater theatr (w), -au (Mz)
tief dwfn
Tier anifail (m), anifeiliaid (Mz)
Tochter merch (w), -ed (Mz)
Tod marwolaeth (w), -au (Mz)
Toilette tŷ bach (m), tai ... (Mz)
Toilettenpapier papur tŷ bach (m), -au ... (Mz)
tot wedi marw
töten lladd
Tradition traddodiad (m), -au (Mz)
tragen cario
traurig trist
treffen (begegnen) cwrdd â (H!)
Treppe grisiau (Mz)
trinken yfed

Trinkgeld cildwrn (m)
trocken sych
tschüss hwyl
tun gwneud
Tür drws (m), drysau (Mz)
Turm tŵr (m), tyrau

U

üben ymarfer
über (auf dem Wege) trwy (L!)
über (betreffend) ynglŷn â (H!)
über (örtl.) uwchben, dros (L!)
über (zeitl.) dros (L!)
überall ym mhobman
übermorgen trennydd
übersetzen (Sprache) cyfieithu
Übersetzer cyfieithydd (m), cyfieithwyr (Mz)
Überweisung trosglwyddiad (m), -au (Mz)
übrig ar ôl
Uhr cloc (m), -iau (Mz)
um (herum) o gwmpas
um (mit Zeitangabe) am (L!)
um zu ... er mwyn
Umgebung amgylchedd (m), -au (Mz)
Umleitung gwyriad (m), -au (Mz)
umtauschen cyfnewid
Umweg gwyriad (m), -au (Mz)
Umwelt amgylchedd (m), -au (Mz)
unbekannt anadnabyddus
und a (H!), ac
Unfall damwain (w), -weiniau (Mz)
Universität prifysgol (w), -ion (Mz)
unschuldig dieuog
unser/e ein ... ni
unten islaw
unter dan (L!)
Unterhaltung (Gespräch) sgwrs (w), sgyrsiau (Mz)
Unterkunft llety (m), -au (Mz)
unterrichten (lehren) dysgu
unterschreiben llofnodi
Urlaub gwyliau (Mz)

V

Valuta, Devisen arian tramor (m)
Vater tad (m), -au (Mz)
verabreden (sich) trefnu cyfarfod â (H!)
Verabredung (Treffen) cyfarfod (m), -ydd (Mz)
verabschieden, sich ffarwelio â (H!)
verboten (sein) gwaharddedig
Verbrechen trosedd (w), -au (Mz)
verdienen ennill
vergessen anghofio
vergnügen, sich mwynhau
verirren, sich mynd ar goll
verkaufen gwerthu
verleihen an benthyca i (L!)
verletzt wedi brifo
Verletzung anaf (m), -iadau (Mz)
verlieben, sich syrthio mewn cariad â (H!)
verlieren (Dinge) colli
vermieten (Auto) rhoi ar hur
vermieten (Wohnung) gosod
Vermittlung cymorth (m), cymhorthion (Mz)
Versicherung yswiriant (m)

verspäten, sich bod yn hwyr
versprechen, sich (von) disgwyl rhywbeth o rywbeth
verstehen deall
versuchen ceisio
viel llawer
vielleicht efallai
Vogel aderyn (m), adar (Mz)
Volk pobl (w), -oedd (Mz)
voll llawn
von o (L!)
von (über) am (L!)
vor (räuml.) o flaen
vor (zeitl.) cyn
vorbereiten paratoi
vorgestern echdoe
vorher ymlaen llaw
Vormittag bore (m), boreuau (Mz)
Vorname enw cyntaf (m), enwau ... (Mz)
vorne o flaen
vorschlagen awgrymu
vorstellen (Imagination) dychmygu
vorstellen, sich cyflwyno
Vorwahlnummer côd ardal (m), codau ... (Mz)

W

Wagen (Auto) car (m), ceir (Mz)
wahr gwir
während yn ystod
Wald coedwig (w), -oedd (Mz)
Wand wal (w), -iau (Mz)
wandern crwydro
wann pryd
Ware nwydd (m), -au (Mz)
warm cynnes
warten aros
warum pam
was beth (L!)
waschen golchi
waschen, sich ymolchi
Wasser dŵr (m), dyfroedd (Mz)
Watte gwlân cotwm (m), gwlanoedd ... (Mz)
wechseln newid
wecken deffro
Weg ffordd (w), ffyrdd (Mz)
wegen oherwydd
weiblich benywaidd
weil oherwydd
weinen llefain (S), crio (N)
weiß gwyn (m Ez), gwen (w Ez), gwynion (Mz)
weit pell
welcher pa (L!), pa un
wenig ychydig
wenn (als) pan (L!)
wenn (falls) os
wer pwy (L!)
werden mynd yn
Westen gorllewin (m)
Wetter tywydd (m)
wichtig pwysig
wie sut
wie viel faint
wieder eto
wiederholen (sagen) ailddweud
Wind gwynt (m), -oedd (Mz)
Winter gaeaf (m), -au (Mz)
wir ni
wissen gwybod
wo ble
Woche wythnos (w), -au (Mz)
woher o ble
wohin i ble
wohnen byw
Wohnung fflat (m/w), -iau (Mz)
wollen eisiau (S), moyn (N)
Wort gair (m), geiriau (Mz)

Wörterbuch geiriadur (m), -on (Mz)
Wunde clwyf (m), -au (Mz)
wünschen dymuno

Z

zahlen talu
Zahnarzt deintydd (m), -ion (Mz)
Zahnpasta past dannedd (m), -au ... (Mz)
zeigen dangos
Zeit amser (m), -au (Mz)
Zeitung papur newydd (m), -au ... (Mz)
Zelt pabell (w), pebyll (Mz)
Zentrum canolfan (m), -nau (Mz)
Zigarette sigaret (w), -au (Mz)
Zimmer stafell (w), -oedd (Mz)
Zoll (Grenz-) tollau (Mz)
zu (+ Eigenschaftswort) rhy (L!)
zu Fuß ar droed
zu viel gormod
zufrieden bodlon
Zug (Bahn) trên (m), -au (Mz)
zurück yn ôl
zusammen ynghyd
zwischen rhwng

Wörterliste Walisisch – Deutsch

A

a (H!) und
ac und
adeilad (m), -au (Mz) Gebäude
adeiladu bauen
aderyn (m), adar (Mz) Vogel
adrodd erzählen
aeddfed reif
aflonyddu stören
afon (w), -ydd (Mz) Fluss
agor öffnen
agoriad (m, N), -au (Mz) Schlüssel
agos nahe
ailddweud wiederholen (sagen)
alcohol (m) Alkohol
allforion (Mz) Ausfuhr
allwedd (w, S), -i (Mz) Schlüssel
Almaeneg deutsch (Sprache)
Almaenes (w), -au (Mz) Deutsche
Almaenwr (m), -wyr (Mz) Deutscher
am (L!) um (mit Zeitangabe), von (über)
am ddim kostenlos
amaethyddiaeth (w) Landwirtschaft
ambiwlans (m), -ys (Mz) Rettungswagen
amgueddfa (w), -feydd (Mz) Museum
amgylchedd (m), -au (Mz) Umgebung, Umwelt
aml oft
amlen (w), -ni (Mz) Briefumschlag
amrwd roh
amser (m), -au (Mz) Zeit
amser hir lang(e) (Zeit)
amserlen (w), -ni (Mz) Fahrplan
anadnabyddus unbekannt
anaf (m), -iadau (Mz) Verletzung
anghenrheidiol notwendig
anghofio vergessen
anghywir falsch (unrichtig)
anifail (m), anifeiliaid (Mz) Tier
anodd schwierig
anrheg (w), -ion (Mz) Geschenk
ansawdd (m/w), ansoddau (Mz) Qualität
ar (L!) auf
ar bwys neben
ar droed zu Fuß
ar frys dringend
ar gyfer für
ar ôl hinter, nach (Zeit), übrig
ar unwaith sofort
ar y chwith links
ar y dde rechts
araf langsam
archeb (w), -ion (Mz) Bestellung
archebu bestellen
ardal (w) Gegend
arddangosfa (w), -feydd (Mz) Ausstellung
ardderchog ausgezeichnet
arddull (m/w), -au (Mz) Stil (Architekt .)
arfer (m), -ion (Mz) Brauch
arhosfan (m/w), arosfannau (Mz) Haltestelle
arhosiad (m), -au (Mz) Aufenthalt
arian (m) Geld; Silber

arian parod (m) Bargeld
arian tramor (m) Valuta, Devisen
arolygu kontrollieren
aros bleiben, warten
arweiniad (m), -au (Mz) Führung
asiantaeth deithio (w), -au ... (Mz) Reisebüro
ateb antworten
ateb (m), -ion (Mz) Antwort
athrawes (w), -au (Mz) Lehrerin
athro (m), athrawon (Mz) Lehrer
aur (m) Gold
awdurdod (m/w), -au (Mz) Behörde
awgrymu vorschlagen
awr (w), oriau (Mz) Stunde
Awstria (w) Österreich
Awstriad (m/w) Österreicher(in)
awyren (w), -nau (Mz) Flugzeug

B

bach klein
bachgen (m), bechgyn (Mz) Junge
bag (m), -iau (Mz) Tasche
bagiau (Mz) Gepäck
bai (m), beiau (Mz) Fehler
banc (m), -iau (Mz) Bank (Geld)
bara (m) Brot
bargeinio ynghylch feilschen um
batri (m), batrïau (Mz) Batterie
beic (m), -iau (Mz) Fahrrad
beic modur (m), beiciau ... (Mz) Motorrad
beichiog schwanger
benthyca sich leihen (von)
benthyca i (L!) verleihen an
benywaidd weiblich
beth (L!) was
blanced (w), -i (Mz) Decke (Bett)
blasu kosten (probieren)
blasus schmackhaft
ble wo
blodyn (m), blodau (Mz) Blume
blwyddyn (w), blynedd (Mz) Jahr
blynyddol jährlich
bob tro jedesmal
bod sein; dass
bod â syched Durst (haben)
bod annwyd ar (L!) erkältet sein
bod eisiau brauchen
bod yn falch sich freuen
bod yn hwyr sich verspäten
bod yn rhaid, gorfod müssen
bodlon zufrieden
bore (m), boreuau (Mz) Morgen, Vormittag
brawd (m), brodyr (Mz) Bruder
brawddeg (w), -au (Mz) Satz (Grammatik)
brechu impfen
brecwast (m), -au (Mz) Frühstück
brest (w), -iau Brust(korb)
brifo schmerzen
brodyr a chwiorydd (Mz) Geschwister
bron (w), -nau Brust (weibl.)
brown braun
brwnt schmutzig
brysio sich beeilen
busnes (m), -i (Mz) Handel

busnes (m/w), -au (Mz) Geschäft (Tätigkeit)
bwcio buchen
bwrw schlagen
bws (m), bysiau (Mz) Bus
bwyd (m), -ydd (Mz) Lebensmittel
bwydlen (w), -ni (Mz) Speisekarte
bwyta essen
bwyty (m), bwytai (Mz) Gaststätte, Restaurant
byr kurz
bys (m), -edd (Mz) Finger
byth (G, Z), eriod (V) niemals
byw leben, wohnen
bywyd (m), -au (Mz) Leben

C

cadach misglwyf (m), -au ... (Mz) Binde (für Damen)
cadarn fest
cadw halten (in der Hand); reservieren
cae (m), -au (Mz) Feld
cael bath baden
cael brecwast frühstücken
cael gwneud dürfen
cael gwybodaeth am (L!) sich informieren
cais (m), ceisiadau (Mz) Bitte
caled hart
camera (m), camerâu (Mz) Fotoapparat
cân (w), caneuon (Mz) Lied
caniatâd (m), -au (Mz) Erlaubnis
caniatau i (L!) erlauben
canol dydd (m) Mittag
canolfan (m), -nau (Mz) Zentrum
canu singen
car (m), ceir (Mz) Auto
carchar (m), -dai (Mz) Gefängnis
cario tragen
carreg (w), cerrig (Mz) Stein
caru lieben
casglu sammeln
castell (m), cestyll (Mz) Schloss/Burg
cawl (m), -iau (Mz) Suppe
ceisio versuchen
celfyddyd (w), -au (Mz) Kunst
cenedligrwydd (m) Nationalität
cerbyd (m), -au (Mz) Fahrzeug
cerddoriaeth (w) Musik
cerdyn adnabod (m), cardiau (Mz) Ausweis
cerdyn post (m), cardiau ... (Mz) Postkarte
cig (m), -oedd (Mz) Fleisch (Essen)
cildwrn (m) Trinkgeld
cinio (m/w), ciniawau (Mz) Mittagessen, Abendessen
claf (m), cleifion (Mz) Patient
clefyd (m), -au (Mz) Krankheit
cloc (m), -iau (Mz) Uhr
clwb nos (m), clybiau ... (Mz) Diskothek
clwyf (m), -au (Mz) Wunde
clywed hören
coch (Ez), cochion (Mz) rot
côd ardal (m), codau ... (Mz) Vorwahlnummer
codi aufstehen; heben
coeden (w), coed (Mz) Baum
coedwig (w), -oedd (Mz) Wald

cofeb (w), -ion (Mz) Denkmal
cofio sich merken/ erinnern
cofrestru registrieren
coginio kochen
colli verlieren (Dinge)
condom (m), -au (Mz) Kondom
conswliaeth (w), -au (Mz) Konsulat
cosb (w), -au (Mz) Strafe
cosbi bestrafen
costio kosten (Preis)
crawn (m) Eiter
credu glauben
croesawu empfangen
crwydro wandern
cryf stark
crynoddisg (m), -iau (Mz) CD
cul eng
cusanu küssen
cwch (m), cychod (Mz) Boot
cwch modur (m), cychod ... (Mz) Motorboot
cwestiwn (m), cwestiynau (Mz) Frage
cwm (m), cymoedd (Mz) Tal
cwrdd â (H!) treffen, begegnen
cwrtais höflich
cwrw (m) Bier
cwyno sich beschweren
cyfaill (m), cyfeillion (Mz) Freund
cyfeilles (w), -au (Mz) Freundin
cyfanswm (m), -symiau (Mz) Summe
cyfarch (be)grüßen
cyfarfod (m), -ydd (Mz) Verabredung (Treffen)
cyfeillgar freundlich
cyfeillgarwch (m) Freundschaft
cyfeiriad (m), -au (Mz) Richtung, Adresse
cyfenw (m), -au (Mz) Familienname
cyffredin normal
cyffyrddus gemütlich
cyfieithu übersetzen (Sprache)
cyfieithydd (m), cyfieithwyr (Mz) Dolmetscher, Übersetzer
cyflwyno sich vorstellen/ bekanntmachen
cyflym schnell
cyfnewid umtauschen
cyfoethog reich
cyfraith (w), cyfreithiau (Mz) Gesetz, Recht
cyfrif (m), -on (Mz) Rechnung
cyfrifo rechnen
cyllell (w), cyllyll (Mz) Messer
cymdeithas (w), -au (Mz) Gesellschaft
cymeradwyo empfehlen
cymhleth kompliziert
cymorth (m), cymhorthion (Mz) Hilfe, Vermittlung
cymryd nehmen
cyn vor (zeitl.)
cyn (L!) bevor
cyn bo hir bald
cynfas (m/w), -au (Mz) Laken
cyngerdd (m/w), -au (Mz) Konzert
cyngor (m), cynghorau (Mz) Rat
cynllun (m), -iau (Mz) Plan
cynnar früh
cynnes herzlich; warm
cyntefig rückständig
cyrhaeddiad (m), cyraeddiadau (Mz) Ankunft
cyrraedd ankommen
cysgu schlafen
cywir richtig

CH

chi Sie
chwaer (w), chwiorydd (Mz) Schwester
chwarae spielen
chwaraeon (Mz) Sport
chwaraewr crynoddisg (m), -wyr ... (Mz) CD-Spieler
chwerthin (ar) lachen (über etw.)
chwilfrydig neugierig
chwilio am (L!) suchen
chwistrell (w), -au (Mz) Spritze
chwysu schwitzen

D

da gut
dadlau streiten
dalen (w), -nau (Mz) Blatt (Papier)
damwain (w), -weiniau (Mz) Unfall
dan (L!) unter
danfon schicken, senden
dangos zeigen
darganfod finden
darllen lesen
darn (m), -au (Mz) Stück
dathliad (m), -au (Mz) Feier
dathlu feiern
dawnsio tanzen
de (m) Süden
deall verstehen
deallus klug
dechrau anfangen
deffro wecken
defnydd (m), -iau (Mz) Stoff
deifio brennen
deintydd (m), -ion (Mz) Zahnarzt
derbyn erhalten
dibriod ledig
diddorol interessant
dieuog unschuldig
diflas langweilig
digon genug
digwyddiad (m), -au (Mz) Ereignis
dihuno aufwachen
dillad (Mz) Kleidung
dillad gwely (Mz) Bettzeug
dilys gültig
dim byd nichts
dim ond nur
dinasyddiaeth (w), -au (Mz) Staatsangehörigkeit
dinesydd (m), -ion (Mz) Bürger (Staats-)
diod (w), -ydd (Mz) Getränk
diog faul (träge)
diogel sicher
diolch danken
diolch (m), -iadau (Mz) danke
diosg ausziehen (Kleidung)
disglair hell
disgwyl rhywbeth o rywbeth sich versprechen (von)
disgybl (m+w) Schüler(in)
disgyn aussteigen
diwedd (m) Ende
diwydiant (m), diwydiannau (Mz) Industrie
do (V) ja
dod kommen
dod â (H!) bringen
dogfen (w), -nau (Mz) Dokument(e)
dolur rhydd (m, S) Durchfall
doniol lustig
dros (L!) über (zeitl.)
drud teuer
drwg schlecht
drws (m), drysau (Mz) Tür
drwy/trwy (L!) durch (hindurch)

du (Ez), duon (Mz) schwarz
Duw (m), -iau (Mz) Gott
dweud sagen
dweud celwydd lügen
dwfn tief
dŵr (m), dyfroedd (Mz) Wasser
dwyrain (m) Osten
dy (L!) ... di dein/e
dychmygu vorstellen (Imagination)
dydd (m), -iau (Mz) Tag
dyddiad (m), -au (Mz) Datum
dyddiol täglich
dylwn i sollte (ich)
dymuno wünschen
dyn (m), -ion (Mz) Mann; Mensch
dyna pam darum, deshalb
dysgu lernen
dysgu unterrichten (lehren)

DD

ddim nicht
ddoe gestern

E

e er
echdoe vorgestern
edau (w), edafedd (Mz) Faden
efallai vielleicht
egluro erklären
eglwys (w), -i (Mz) Kirche
ei (H!) ... hi ihr/e (Ez)
ei (L!) ... e (m) sein/e
ei gilydd einander
eich ... chi euer/e, Ihr/e
eiddo (m) Eigentum
eiliad (m/w), -au (Mz) Sekunde
ein ... ni unser/e
eisiau (S) wollen
eistedd sitzen, sich setzen
eli (m), elïau (Mz) Salbe
enghraifft (w), enghreifftiau (Mz) Beispiel
ennill verdienen
enw (m), -au (Mz) Name
enw cyntaf (m), enwau ... (Mz) Vorname
enwog berühmt
er mwyn damit, um zu
ers seit
esgid (w), -iau (Mz) Schuh
esgusodi sich entschuldigen
estron fremd, ausländisch
estron (m), -iaid (Mz) Ausländer
estrones (w), -au (Mz) Ausländerin
eto noch einmal
eto wieder
eu ... nhw ihr/e (Mz.)
euog schuldig
ewythr (m), -od (Mz) Onkel

F

faint wie viel
fe er
felly deshalb
fi ich
fy (N!)... i mein/e

FF

ffarwelio â (H!) sich verabschieden
ffasiwn (w), ffasiynau (Mz) Mode
ffatri (w), ffatrïoedd (Mz) Fabrik

ffenest (w), ffenestri (Mz) Fenster
fferi (w), fferïau (Mz) Fähre
ffermwr (m), -wyr (Mz) Bauer
ffermwraig (w), -wragedd (Mz) Bäuerin
fferyllfa (w), -feydd (Mz) Apotheke
ffilm (w), -iau (Mz) Film
ffilm lliw (m), -iau (Mz) Farbfilm
ffin (w), -iau (Mz) Grenze
ffitio sitzen, passen (Kleidung)
fflat (m/w), -iau (Mz) Wohnung
fflyrtio flirten
ffôn (m), ffonau (Mz) Telefon
ffonio telefonieren
fforc (w), ffyrc (Mz) Gabel
ffordd (w), ffyrdd (Mz) Weg
ffordd allan (w), ffyrdd ... (Mz) Ausgang
ffres frisch (Obst)
ffrwyth (m), -au (Mz) Frucht
ffrwythau (Mz) Obst
ffurflen (w), -ni (Mz) Formular

G

gadael abreisen
gaeaf (m), -au (Mz) Winter
gair (m), geiriau (Mz) Wort
gallu (S) können
galw rufen, schreien
gardd (w), gerddi (Mz) Garten
geiriadur (m), -on (Mz) Wörterbuch
geneth (w, N), -od (Mz) Mädchen
glân sauber
glanhau sauber machen
glanweithdra (m) Hygiene
glas (Ez), gleision (Mz) blau
glas (Pflanzen) grün
glaswellt (m) Gras
glaw (m), -ogydd (Mz) Regen
gobeithio am (L!) hoffen auf
gofyn fragen
gofyn am (L!) bitten
gogledd (m) Norden
golau (m), goleuadau (Mz) Licht
golchi waschen
golygfa (w), golygfeydd (Mz) Landschaft
gorffen beenden
gorllewin (m) Westen
gormod zu viel
gorsaf (w), -oedd (Mz) Bahnhof
gorsaf betrol (w), -oedd ... (Mz) Tankstelle
gorwedd liegen
gosod legen, stellen, vermieten (Wohnung)
gostyngiad (m), -au (Mz) Ermäßigung
gram (m), -au (Mz) Gramm
gramadeg (m), -au (Mz) Grammatik
grisiau (Mz) Treppe
grŵp (m), grwpiau (Mz) Gruppe
gwag leer
gwaharddedig verboten (sein)
gwahodd einladen
gwahoddiad (m), -au (Mz) Einladung
gwahoddwr (m), -wyr (Mz) Gastgeber
gwaith (m), gweithiau (Mz) Beruf

gwanwyn (m) Frühling
gweithgar fleißig
gweithio arbeiten
gweithiwr (m), -wyr (Mz) Angestellter
gweithwraig (w), -wragedd (Mz) Angestellter
gweld sehen
gwell besser
gwella sich erholen
gwely (m), au (Mz) Bett
gwenu lächeln
gwenwyn (m) Gift
gwerthu verkaufen
gwestai (m), gwesteion (Mz) Gast
gwesty (m), gwestai (Mz) Hotel
gwir echt, wahr
gwlad (w), gwledydd (Mz) Land
gwlad dramor (w), gwledydd ... (Mz) Ausland
gwlân cotwm (m), gwlanoedd ... (Mz) Watte
gwleidyddiaeth (w) Politik
gwlyb feucht, nass
gwneud machen, tun
gŵr (m), gwŷr (Mz) Ehemann
gŵr bonheddig (m), gwŷr ... (Mz) Herr
gwraig (w), gwragedd (Mz) Ehefrau, Frau
gwraig tŷ (w), gwragedd ... (Mz) Hausfrau
gwres (m), -au (Mz) Fieber
gwybod wissen
gwybodaeth (w), -au (Mz) Auskunft
gwydr (m) Glas (Material)
gwydryn (m), gwydrau (Mz) Glas (Trink-)
gwyliau (Mz) Ferien, Urlaub
gwyn (m Ez), gwen (w Ez), gwynion (Mz) weiß
gwynt (m), -oedd (Mz) Wind
gwyrdd (Gegenstände) grün
gwyriad (m), -au (Mz) Umleitung, Umweg
gyda (H!), â (H!) mit
gyferbyn â (H!) gegenüber
gyrru fahren
gyrrwr (m), -wyr (Mz) Chauffeur

H

haf (m), -au (Mz) Sommer
halen (m), -au (Mz) Salz
halio abschleppen
hanes (m), -ion (Mz) Geschichte (Historie)
hanner (m), haneri (Mz) Hälfte
hapus glücklich (froh)
hardd schön
haul (m), heuliau (Mz) Sonne
hawdd einfach
heb (L!) ohne
heddiw heute
heddlu (m), -oedd (Mz) Polizei
heddwch (m) Frieden
hedfan abfliegen, fliegen
hefyd auch
helpu helfen
hen (L!) alt (nicht jung/neu)
henoed (Mz) Alte(r)
hi sie (Ez.)
hir lang (Entfernung); lang(e) (Zeit)
hon (w) diese (w Ez)
honno (w) jene (w Ez)
hufen iâ (m) Speiseeis
hunan selbst
hurio mieten

hwn (m) dieser
hwnnw (m) jener
hwyl tschüss
hwyr spät
hyd (L!), tan bis
hydref (m) Herbst
hyn (Mz) diese (Mz)
hysbysrwydd (m) Information
hysbysu benachrichtigen

I

i ich
i (L!) nach (Richtung)
i ble wohin
i fan 'na dorthin
i gyd ganz
iach gesund
iaith (w), ieithoedd (Mz) Sprache
ie (G) ja
iechyd (m) Gesundheit
ifanc jung
isel niedrig
islaw unten

L

lamp (w), -au (Mz) Lampe
lelog lila
lwc (w) Glück

LL

lladd töten
lladrad (m), -au (Mz) Diebstahl, Einbruch
llais (m), lleisiau (Mz) Stimme
llawen fröhlich
llawer viel
llawn voll, satt
llawr (m), lloriau (Mz) Etage
lle (m), llefydd (Mz) Stelle, Ort, Platz
llefain (S), crio (N) weinen
llên gwerin (w) Folklore
llestr (m), -i (Mz) Gefäß
llety (m), -au (Mz) Unterkunft
lletygarwch (m) Gastfreundschaft
lliw (m), -iau (Mz) Farbe
lliwgar bunt
llofnodi unterschreiben
llong (w), -au (Mz) Schiff
llongyfarch ar (L!) gratulieren
llun (m), -iau (Mz) Fotografie, Bild
llwy (w), -au (Mz) Löffel
llwyd grau
llwyddiant (m), llwyddiannau (Mz) Erfolg
llydan breit
llyfr (m), -au (Mz) Buch
llysgenhadaeth (w), llysgenadaethau (Mz) Botschaft (dipl.)
llysiau (Mz) Gemüse
llythyr (m), -on (Mz) Brief
llythyren (w), -au (Mz) Buchstabe

M

mab (m), meibion (Mz) Sohn
mae ... gyda haben
mae eisiau bwyta â (H!) ... hungrig (sein)
maes awyr (m), meysydd (Mz) Flughafen
maint (m), meintiau (Mz) Größe (Kleidung u. ä.)
mam (w), -au (Mz) Mutter
mamgu (w, S), mamau cu (Mz) Großmutter
manwl genau
map (m), -iau (Mz) Landkarte

marchnad (w), -oedd (Mz) Markt
marw sterben
marwolaeth (w), -au (Mz) Tod
matsen (w), matsys (Mz) Streichholz
mawr groß
meddw betrunken
meddwl denken
meddyg (m), -ion (Mz) Arzt
meddyginiaeth (w), -au (Mz) Medikament
medru (N) können
melyn (m), melen (w) gelb
melys süß
merch (w), -ed (Mz) Tochter
merch (w, S), -ed (Mz) Mädchen
mewnforiad (m), -au (Mz) Einfuhr
miniog scharf
mis (m), -oedd (Mz) Monat
Miss Fräulein (Anrede)
modryb (w), -edd (Mz) Tante
modur (m), -on (Mz) Motor
modurdy (m), modurdai (Mz) Autowerkstatt
mor (L!) so
môr (m), moroedd (Mz) Meer, (die) See
moyn (N) wollen
munud (w), -au (Mz) Minute
mwy mehr
mwynhau sich vergnügen
myfyriwr (m), -wyr (Mz) Student
mynd gehen
mynd am dro spazieren gehen
mynd ar goll sich verirren
mynd gyda (H!) begleiten
mynd i mewn einsteigen, eintreten
mynd yn werden
mynedfa (w), -feydd (Mz) Eingang
mynydd (m), -oedd (Mz) Berg
mynyddoedd (Mz) Gebirge

N

na (H!) als (Vergleich)
nabod kennen
nac oes (G) nein
nac ydy (G) nein
naddo (V) nein
nage (G) nein
nain (w, N), neiniau (Mz) Großmutter
natur (w) Natur
naturiol natürlich (nicht künstl.)
nawr (S) jetzt
neb niemand
neu (L!) oder
newid wechseln
newydd neu
newydd (m), -ion (Mz) Nachricht
newyddiadurwr (m), -wyr (Mz) Journalist
newyddiadurwraig (w), -wragedd (Mz) Journalistin
nhw sie (Mz.)
ni wir
nifer (m/w), -oedd (Mz) Menge, Quantität
nodwydd (w), -au (Mz) Nadel
noeth nackt
nofio schwimmen
nos (w), -au (Mz) Nacht
noson (w), nosweithiau (Mz) Abend
nwy (m), -on (Mz) Gas
nwydd (m), au (Mz) Ware

O

o (L!) aus, von
o ble woher
o flaen vor (räuml.), vorne
o gwmpas um (herum)
o hyd noch (weiterhin)
o'r gorau einverstanden
ochr (w), -au (Mz) Seite (Richtung)
oed (m), oedrannau (Mz) (Lebens-)Alter
oer kalt
oeraidd kühl
oergell (w), -oedd (Mz) Kühlschrank
oes (G) ja
ofn (m), -au (Mz) Angst
ofni sich fürchten (vor)
oherwydd wegen, weil
olew (m) Öl
ond aber
organ (m), -au (Mz) Organ
os wenn (falls)

P

pa (L!), pa un welcher
pabell (w), pebyll (Mz) Zelt
palas (m), -au (Mz) Palast
pall (m) Panne (Auto usw.)
pam warum
pan (L!) als (zeitl.), wenn (als)
papur (m), -au (Mz) Papier
papur newydd (m), -au ... (Mz) Zeitung
papur tŷ bach (m), -au ... (Mz) Toilettenpapier
pâr (m), -au (Mz) Paar
pâr priod (m), parau ... (Mz) Ehepaar
paratoi vorbereiten
parc (m), -iau (Mz) Park
parcio parken
parhau dauern
parod fertig
parsel (m), -i (Mz) Paket (Post-)
parti (m), partïon (Mz) Fest
pasbort (m), -iau (Mz) Pass (Reise-)
past dannedd (m), -au ... (Mz) Zahnpasta
pecyn (m), -nau (Mz) Päckchen
peintio malen
pell fern, weit
pen blwydd (m), -nau ... (Mz) Geburtstag
penderfynu entscheiden
pennaeth (m), penaethiaid (Mz) Chef
pensil (m), -iau (Mz) Bleistift
pentref (m), -i (Mz) Dorf
perchennog (m), perchenogion (Mz) Besitzer(in)
person (m), -au (Mz) Person
peryglus gefährlich
peth (m), -au (Mz) Ding, Sache
peth i gofio (m), pethau ... (Mz) Andenken
pethau celfydd (Mz) kunstgewerbl. Waren
petrol (m) Benzin
pib (w, N) Durchfall
planhigyn (m), planhigion (Mz) Pflanze
plastr glynu (m), -au ... (Mz) Heftpflaster
platfform (m), -au (Mz) Bahnsteig
plentyn (m), plant (Mz) Kind
plesio gefallen
pob alles (Eigenschaftswort), jeder
pobl (w Mz) Leute
pobl (w), -oedd (Mz) Volk

poen (m/w), -au (Mz) Schmerz
poeth heiß
pont (w), -ydd (Mz) Brücke
popeth alles (Hauptwort)
porffor purpur, violett
porthladd (m), -oedd (Mz) Hafen
posib möglich
potel (w), -i (Mz) Flasche
prawf (m), profion (Mz) Beweis
preifat privat
pren (m), -nau (Mz) Holz
preswylydd (m), preswylwyr (Mz) Einwohner
pridd (m) Erde
prifysgol (w), -ion (Mz) Universität
prin selten (knapp)
priodas (w), -au (Mz) Hochzeit
pris (m), -iau (Mz) Preis
pris tocyn (m), -iau ... (Mz) Fahrpreis
problem (w), -au (Mz) Problem
pryd wann
pryd o fwyd (m), -au ... (Mz) Speise
prydlon pünktlich
pryf (m), -ed (Mz) Insekt
prynhawn (m), -iau (Mz) Nachmittag
prynu kaufen
pwdr faul (Obst)
pwy (L!) wer
pwysau (Mz) Gewicht
pwysig wichtig
pysgodyn (m), pysgod (Mz) Fisch

R

record (w), -iau (Mz) Schallplatte
rwan (N) jetzt

RH

rhad billig
rhaff (w), -au (Mz) Seil
rhaglen (w), -ni (Mz) Programm
rhai einige, paar
rhedeg laufen, rennen
rheilffordd (w), -ffyrdd (Mz) Eisenbahn
rhewi frieren (Eis)
rhieni (Mz) Eltern
rhif (m), -au (Mz) Nummer
rhoi geben
rhoi ar hur vermieten (Auto)
rhwng zwischen
rhy (L!) zu (+ Eigenschaftswort)
rhydd frei
rhyngwladol international
rhywbeth etwas
rhywbeth gwerth ei weld (m), rhyw bethau gwerth eu weld (Mz) Sehenswürdigkeiten
rhywun jemand

S

sach deithio (w), -au ... (Mz) Rucksack
sach gysgu (w), -au ... (Mz) Schlafsack
Saesneg englisch (Sprache)
saethu schießen
safio sparen
safle (m), -oedd (Mz) Lage (geogr.)
sâl krank
sarhau beleidigen
sbaryn (m), sbarion (Mz) Ersatzteil
sbectol (w), -au (Mz) Brille

sbeis (m), -ys (Mz) Gewürz
sbwriel (m) Müll
schnaps (m) Schnaps
sebon (m), -au (Mz) Seife
sefyll stehen
seibiant (m), seibiannau (Mz) Pause
set deledu (w), -iau ... (Mz) Fernsehgerät
set radio (w), -iau ... (Mz) Radiogerät
sgwrs (w), sgyrsiau (Mz) Gespräch, Unterhaltung
siarad reden, sprechen
sidan (m), -au (Mz) Seide
siec (w), -iau (Mz) Scheck
sigaret (w), -au (Mz) Zigarette
sinema (w), sinemâu (Mz) Kino
siop (w), -au (Mz) Geschäft (Laden)
siswrn (m), sisyrnau (Mz) Schere
siwt nofio (w), -iau ... (Mz) Badeanzug
siwtces (m), -ys (Mz) Koffer
smocio rauchen
stafell (w), -oedd (Mz) Zimmer
stafell wely (w), -oedd ... (Mz) Schlafzimmer
stafell ymolchi (w), -oedd ... (Mz) Badezimmer
stafell, -oedd (Mz) Raum (Zimmer)
stamp (m), -iau (Mz) Briefmarke
stopio anhalten, aufhören
stori (w), straeon (Mz) Geschichte (Erzählung)
storm (w), -ydd (Mz) Gewitter
stryd (w), -oedd (Mz) Straße
stryd gul (w), -oedd ... (Mz) Gasse
sur sauer
sut wie
Swisiad (m+w), -iaid (Mz) Schweizer(in)
swnllyd laut
swyddfa (w), -feydd (Mz) Büro
swyddfa'r Post (w), swyddfeydd ... (Mz) Post(amt)
sych trocken
sydyn plötzlich
syrthio mewn cariad â (H!) sich verlieben
syth ymlaen geradeaus

T

tabled (w), -i (Mz) Tablette
tacsi (m), -s (Mz) Taxi
tad (m), -au (Mz) Vater
tadcu (m, S), tadau cu (Mz) Großvater
tafarn (w), -au (Mz) Kneipe
taflen (w), -ni (Mz) Prospekt
tafodiaith (w), tafodieithoedd (Mz) Dialekt
taid (m, N), teidiau (Mz) Großvater
taith (w), teithiau (Mz) Reise
taith yn ôl (w), teithiau ... (Mz) Rückfahrt
tâl (m), taliadau (Mz) Gebühr; Lohn, Gehalt
talu bezahlen, zahlen
tân (m), tanau (Mz) Feuer
tanllwyth (m), -i (Mz) Brand
tawelwch (m) Ruhe
tegan (m), -au (Mz) Spielzeug

teiar (m), -s (Mz) Reifen (Auto)
teimlad (m), -au (Mz) Gefühl
teimlo sich fühlen
teisen (w), -nau (Mz) Gebäck (süß)
teithio i (L!) reisen
telegram (m), -au (Mz) Telegramm
tenau dünn
teulu (m), -oedd (Mz) Familie
tew dick
ti du
ticed (m), -i (Mz) Flugticket
til (m), -s (Mz) Kasse (im Geschäft)
tipyn bach bisschen
tlawd arm
tlws (m), tlysau (Mz) Schmuck
to (m), toeau (Mz) Dach
tocyn (m), -nau (Mz) Fahrkarte
tocyn sedd gadw (m), tocynnau ... (Mz) Platzkarte
tollau (Mz) Zoll (Grenz-)
traddodiad (m), -au (Mz) Tradition
traeth (m), -au (Mz) Strand (Sand-)
tram (m), -iau (Mz) Straßenbahn
tref (w), -i (Mz) Stadt
trefnu organisieren
trefnu cyfarfod â (H!) verabreden (sich)
trên (m), -au (Mz) Zug (Bahn)
trennydd übermorgen
trin behandeln (Krankh.)
trist traurig
tro nesaf nächstes Mal
troed (m/w), traed (Mz) Fuß
trosedd (w), -au (Mz) Verbrechen
trosglwyddiad (m), -au (Mz) Überweisung
trowsus nofio (m), -au ... (Mz) Badehose
trwm schwer (nicht leicht)
trwsio reparieren
trwy (L!) über (auf dem Wege)
trwy'r amser immer
tu ôl hinten
tua (H!) etwa
twll (m), tyllau (Mz) Loch
tŵr (m), tyrau Turm
twp dumm
twyllo betrügen
tybaco (m) Tabak
tybed a (L!) ob
tymor (m), tymhorau (Mz) Jahreszeit
tynnu llun fotografieren
tŷ (m), tai (Mz) Haus
tŷ bach (m), tai ... (Mz) Toilette
tywod (m), -ydd (Mz) Sand
tywydd (m) Wetter
tywyll dunkel

TH

theatr (w), -au (Mz) Theater

U

uchel hoch
unig (L!) allein
unwaith einmal
uwchben oben
uwchben, dros (L!) über (örtl.)

W

wal (w), -iau (Mz) Wand
wedi blino müde
wedi brifo verletzt
wedi marw tot
wedi torri kaputt
wedyn danach (zeitl.)

weithiau manchmal
ŵyr (m), wyrion (Mz) Enkel
wrth (L!) durch (bei, von)
wy (m), -au (Mz) Ei
wyres (w), -au (Mz) Enkelin
wythnos (w), -au (Mz) Woche

Y

y fath (L!) solch(e/er/es)
y ffliw (w) Grippe
Y Swistir Schweiz
ychydig wenig
ydy (G) ja
yfed trinken
yfory morgen
ym mhobman überall
yma (L!) hier
ymadael abfahren, weggehen
ymadawiad â gwlad (m), -au ... (Mz) Ausreise
ymarfer üben
ymbarel (m/w), -au (Mz) Regenschirm
ymddiddori yn (N!) sich interessieren (für)
ymgyfarch sich grüßen
ymgynefino â (H!) sich gewöhnen (an)
ymlaen llaw vorher
ymolchi sich waschen
ymweld â (H!) besuchen, besichtigen
ymweliad (m), -au (Mz) Besuch
yn (N!), mewn in (zeitlich u. örtlich)
yn agos at (L!) bei
yn barod schon (bereits)
yn erbyn gegen
yn llawen gern
yn ôl zurück
yn rhad ac am ddim kostenlos
yn unman/i unman nirgendwo/-hin
yn ystod während
yna da (örtl.), dann
yna (L!), acw (L!) dort
ynganiad (m), -au (Mz) Aussprache (von Wörtern)
ynghyd zusammen
ynglŷn â (H!) über (betreffend)
ynys (w), -oedd (Mz) Insel
Yr Almaen Deutschland
ysbyty (m), ysbytai (Mz) Krankenhaus
ysgafn leicht (nicht schwer)
ysgol (w), -ion (Mz) Schule
ysgrifennu schreiben
yswiriant (m) Versicherung

Die Autorin

Dr. Britta Schulze-Thulin, geboren 1966 in Düsseldorf, beendete 1991 ihr Studium der Keltologie, Skandinavistik und Allgemeinen Sprachwissenschaft an der Universität Freiburg i. Br. Danach promovierte sie im Fach Indogermanistik über das walisische Verb an der Universität Halle. Während ihrer Studienzeit studierte sie zwei Jahre lang Walisisch in Aberystwyth, Wales (1988-1990). Seitdem hält sie sich immer wieder für längere Zeit in Wales auf und hat Walisisch an verschiedenen Universitäten Deutschlands gelehrt. Sie hat Vorträge auf Walisisch gehalten, ist Autorin des im Reise Know-How Verlag erschienenen Reiseführers "Wales" sowie walisischer Zeitschriftenartikel und bereits im walisischen Radio und Fernsehen erschienen.

Mit diesem Buch verbindet sie den Wunsch, den Lesern einen Einblick in die Welt eines Volkes in einem eher unbekannten Land in Europa zu vermitteln und die Kenntnis der walisischen Sprache zu fördern. Mögen sich viele deutsche Besucher den Reiz von Wales erschließen und dabei herzliche Begegnungen mit seinen Bewohnern haben.

Diolch o galon i *Alun Jones, Dr. Iwan Wmffre, Dr. Marion Löffler* **a** *Dr. Berthold Forssman* **am ddarllen proflenni (Cymraeg ac Almaeneg) a** *Sabine Hoffmann* **am gymorth cyfrifiadurol.**